Armando Barraza

Amonestación contra la pereza y la falsedad

Armando Barraza

Amonestación contra la pereza y la falsedad

Pereza y Falsedad

JustFiction Edition

Imprint
Any brand names and product names mentioned in this book are subject to trademark, brand or patent protection and are trademarks or registered trademarks of their respective holders. The use of brand names, product names, common names, trade names, product descriptions etc. even without a particular marking in this work is in no way to be construed to mean that such names may be regarded as unrestricted in respect of trademark and brand protection legislation and could thus be used by anyone.

Cover image: www.ingimage.com

Publisher:
JustFiction! Edition
is a trademark of
Dodo Books Indian Ocean Ltd. and OmniScriptum S.R.L publishing group

120 High Road, East Finchley, London, N2 9ED, United Kingdom
Str. Armeneasca 28/1, office 1, Chisinau MD-2012, Republic of Moldova, Europe
Printed at: see last page
ISBN: 978-620-0-10783-1

Amonestación contra la pereza y la falsedad.

Autor.   Armando Barraza Cuellar.

Capitulo uno.

Proverbios. Capítulo 6: versículos, 6- 7 y 8.

Ve a la hormiga, oh perezoso, mira sus caminos, y se sabio.

La cual, no teniendo capitán, ni gobernador, ni señor.

Prepara en el verano su comida, y recoge en el tiempo de la siega su mantenimiento.

Resumen. Ve a la hormiga, oh perezoso, mira sus caminos, y se sabio.

La cual, no teniendo capitán, ni gobernador, ni señor.

Prepara en el verano su comida, y recoge en el tiempo de la siega su mantenimiento. En el capítulo 6 y versículo 6. La recapitulación de ello dice así: **hormiga...perezoso**. La hormiga es un ejemplo de actividad, diligencia y planificación y sirve de reprensión a un perezoso (un holgazán que carece de dominio propio). La sabiduría envía al perezoso a aprender de una hormiga. (vea en Proverbios. Capitulo 10, versículo 4, 26; proverbios. Capítulo 12, versículo 24; 13: 4; 15: 19; 19: 15; 20: 4; y 26: 14-16).

Palabras clave.

Hormiga, perezoso, sabiduría, sabio, preparar, comida, siega, mantenimiento.

Introducción.

Ve a la hormiga, oh perezoso, mira sus caminos, y se sabio.

La cual, no teniendo capitán, ni gobernador, ni señor. Prepara en el verano su comida, y recoge en el tiempo de la siega su mantenimiento. En el capitulo 6 y versículo 6. La recapitulación de ello dice así: **hormiga...perezoso.**

La hormiga es un ejemplo de actividad, diligencia y planificación y sirve de Reprensión a un perezoso (un holgazán que carece de dominio propio).

La sabiduría envía al perezoso a aprender de una hormiga. (vea en Proverbios. Capítulo 10, versículo 4, 26; proverbios. Capítulo 12, versículo 24; proverbios. Capítulo 13: versículo 4; proverbios. Capítulo 15, versículo 19; proverbios, Capítulo 19, versículo 15; proverbios, capítulo 20, versículo 4; y proverbios. Capítulo 26 y versículos 14- 16). Hormiga, perezoso, sabiduría, sabio, preparar, Comida, siega, mantenimiento. Como ven, nos ponen a la hormiga como ejemplo Para que cada uno de nosotros, los seres humanos, nos pongamos a meditar, a Pensar, a discernir, y poder organizarnos, que como es posible que una hormiga, Que tiene un cerebro de instintivo, nos de un ejemplo, de como debeos de vivir, día a día, noche a noche, cada segundo, cada minuto, cada hora, cada día, cada semana, cada mes, y así hasta que llegue nuestro día de partida.

Es una vergüenza, para cada uno de nosotros los seres humanos, que tenemos todas las herramientas para poder caminar tal como de ser, y trabajar como debe de ser, para el sustento de cada día, hasta el final de nuestros días, en esta tierra.

.

Metodología sistemática.

Ve a la hormiga, oh perezoso, mira sus caminos, y se sabio.

La cual, no teniendo capitán, ni gobernador, ni señor. Prepara en el verano su comida, y recoge en el tiempo de la siega su mantenimiento. En el capítulo 6 y versículo 6: La recapitulación de ello dice así: **hormiga...perezoso.** La hormiga es un ejemplo de actividad, diligencia y planificación y sirve de reprehensión a un perezoso (un holgazán que carece de dominio propio). La sabiduría envía al perezoso a aprender de una hormiga. (vea en Proverbios. Capítulo 10 y versículo 4, 26; Proverbios. Capítulo 12, y versículo 24; Proverbios. Capítulo 13: y versículo 4; Proverbios. Capítulo 15: versículo 19; Proverbios. Capítulo 19: versículo 15, versículo 19; Proverbios, capitulo 19: versículo 15; Proverbios, capítulo 20, versículo 4, y Proverbios. 26 versículos 14- 16).

Hormiga, perezoso, sabiduría, sabio, preparar, comida, siega, mantenimiento

Como es posible que una hormiga, que actúa bajo su instinto, nos ensene, nos guía, y hasta nos enseña, como debemos de actuar para almacenar aliento en la primavera para el invierno, si nosotros tenemos tres cerebros en nuestra: Masa Encefálica, es una vergüenza, que la hormiga, nos guie, nos demuestra ,¡ es el colmo! ¿Qué piensa usted, mi querido lector (a) de las enseñanzas de la hormiga hacia el hombre de todos los tiempos? ¡Es admirable e increíble que una hormiga nos ensene, como trabajar y poder almacenar la comida durante el verano para el invierno!

Discusión.

Ve a la hormiga, oh perezoso, mira sus caminos, y se sabio.

La cual, no teniendo capitán, ni gobernador, ni señor.

Prepara en el verano su comida, y recoge en el tiempo de la siega su mantenimiento. En el capítulo 6 y versículo 6. La recapitulación de ello dice así: **hormiga...perezoso**. La hormiga es un ejemplo de actividad, diligencia y planificación y sirve de reprensión a un perezoso (un holgazán que carece de dominio propio). La sabiduría envía al perezoso a aprender de una hormiga. (vea en Proverbios. Capítulo 10, versículo 4, 26; proverbios. Capítulo 12, versículo 24; 13: 4; 15: 19; 19: 15; 20: 4; y 26: 14-16).

Hormiga, perezoso, sabiduría, sabio, preparar, comida, siega, mantenimiento.

¡Como es posible que una hormiga, nos guie, y nos hace meditar, reflexionar el cómo hacer para vivir en tiempos difíciles! En nuestras vidas. ¿Qué piensa usted, mi querido lector (a) de las enseñanzas de la hormiga hacia el hombre de todos los tiempos? ¡Es admirable e increíble que una hormiga nos ensene, como trabajar y poder almacenar la comida durante el verano para el invierno!

Si nos podemos a observar, ala hormiga, analizarla, y meditar, con inteligencia y sabiduría, y consejería, y poder, veremos que ¡Como es posible que una hormiga, con su tamaño, y su cerebro tan chiquitito! Nos pone el ejemplo, de como debemos de vivir, para tener alimento en el invierno, y sin tener patrón, ni señor, ni gobernador, hace sus actividades tal como debe de ser, creo que es un gran ejemplo, aunque nos duela a todos y cada uno de nosotros los seres humanos de los cuatro vientos.

Imagen.

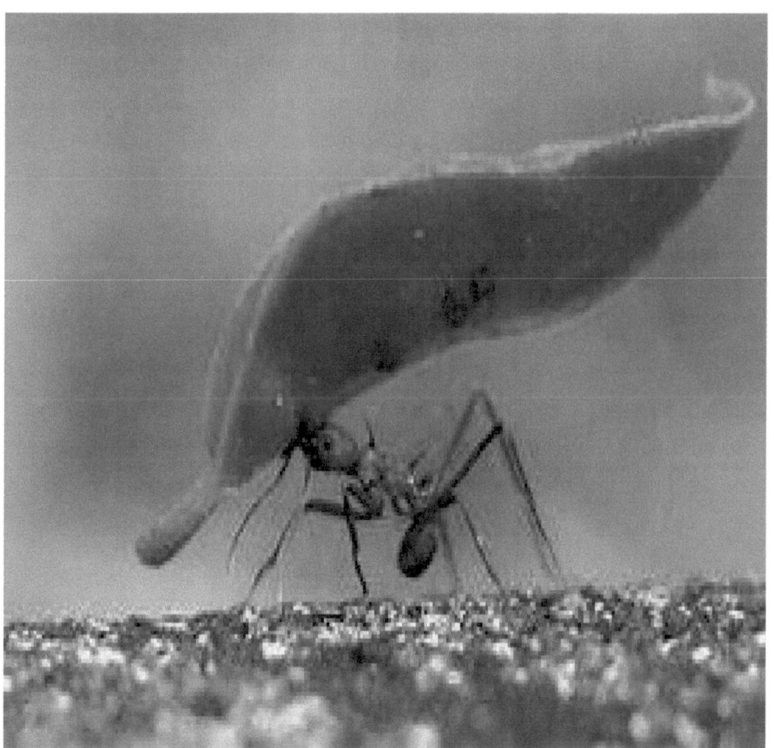

5.

Cuadro mental.

Ve a la hormiga, oh perezoso, mira sus caminos, y se sabio.
La cual, no teniendo capitán, ni gobernador, ni señor.
Prepara en el verano su comida, y recoge en el tiempo de la siega su mantenimiento. En el capítulo 6 y versículo 6. La recapitulación de ello dice así: **hormiga...perezoso**. La hormiga es un ejemplo de actividad, diligencia y planificación y sirve de reprensión a un perezoso (un holgazán que carece de dominio propio). La sabiduría envía al perezoso a aprender de una hormiga. (vea en Proverbios. Capítulo 10, versículo 4, 26; proverbios. Capítulo 12, versículo 24; 13: 4; 15: 19; 19: 15; 20: 4; y 26: 14-16).
Hormiga, perezoso, sabiduría, sabio, preparar, comida, siega, mantenimiento
Como es posible que una hormiga, que actúa bajo su instinto, nos demuestra, nos guía, y hasta nos enseña, como debemos de actuar para almacenar aliento en la primavera para el invierno, si nosotros tenemos tres cerebros en nuestra: Masa Encefálica, es una vergüenza, que la hormiga, nos guie, nos demuestra, ¡es el colmo!

Recapitulación.

Ve a la hormiga, oh perezoso, mira sus caminos, y se sabio.
La cual, no teniendo capitán, ni gobernador, ni señor.
Prepara en el verano su comida, y recoge en el tiempo de la siega su mantenimiento. En el capítulo 6 y versículo 6. La recapitulación de ello dice así: **hormiga...perezoso**. La hormiga es un ejemplo de actividad, diligencia y planificación y sirve de reprensión a un perezoso (un holgazán que carece de dominio propio). La sabiduría envía al perezoso a aprender de una hormiga. (vea en Proverbios. Capítulo 10, versículo 4, 26; proverbios. Capítulo 12, versículo 24; 13: 4; 15: 19; 19: 15; 20: 4; y 26: 14-16).

Hormiga, perezoso, sabiduría, sabio, preparar, comida, siega, mantenimiento
Como es posible que una hormiga, que actúa bajo su instinto, nos ensené, nos guía, y hasta nos enseña, como debemos de actuar para almacenar aliento en la primavera para el invierno, si nosotros tenemos tres cerebros en nuestra: Masa Encefálica, es una vergüenza, que la hormiga, nos guie, nos demuestra que ¡es el colmo!. Muy bien, hemos aprendido mucho de como viven las hormigas, como trabajan, que hacen para preparar su aliento para el invierno, como circulan sin chocar, que vergüenza que cada día hay muchos choques en los pueblos, ciudades, entidades, nación, y en todo el mundo día a día, y las hormigas nunca tienen un choque. ¡Qué vergüenza! Usted que dice, mi querido lector (a) de esta ¡gran enseñanza que nos da la hormiga, a todos y cada uno de nosotros, los seres humanos!

8.

Según la científica y neuróloga, Rita Montalcini, dijo ella en sus escritos, que el ser humano debe de dormir entre cinco a seis horas, porque el cerebro del ser humano es lo que necesita pata cargarse de oxígeno y flujo sanguíneo para iniciar su proceso de actividad al día siguiente. Es por ello por lo que dormir mas de esas horas ya mencionadas, la persona será, una persona perezosa en sus actividades laborales, físicas y mentales.

Rita Montalcini fue una gran científica, neuróloga que escribió varios libros a través de sus investigaciones, fue incansable, pues bien, ella no perdía el tiempo en necedades, es un gran ejemplo para toda la humanidad de los cuatro vientos, me hace pensar que la hormiga es un gran ejemplo para que nosotros los seres humanos hoy día, tengamos muy presente que la Neuróloga científica Rita Montalcini, sigamos su gran ejemplo, caminada a una edad muy avanzada, nunca se rindió hasta el final, yo me quedo asombrado con su ejemplo, pero debo decir que todos tenemos todas las capacidades físicas y neurólogas, para hacer grandes cosas asombrosas en nuestro diario vivir. Todo es cuestión de que nos diciplinemos, que meditemos día a día noche a noche, a cada s segundo que voy a hacer hoy, sacarle jugo el día de hoy, porque el mañana quien sabe si amanezco vivo, nadie lo sabe, solo mi Dios el Eterno. Si organizamos nuestra vida, en cada amanecer, y nos podemos a meditar, a reflexionar ¡que rumbo voy llevando! Y si estoy consciente, que solo hay dos caminos, uno que me lleve ala Sima (abismo) es decir al camino equivocado, y los resultados será caóticos, miserables, solitario, con una mediocridad tremenda, llegas en mis huesos, por los resultados caóticos, y para el ¡como! Tendré en mi interior, iniciando con mis células neuronales, con mis tejidos, aparatos, sistemas, y para el colmo la piel, (iniciando con la dermis, grasa, y epidermis y al final la piel y por ende me lleva a la muerte orgánica e inorgánica. Pero si giro la vida al lado contrario entonces iré por el camino que me levara ala Cima, y para ello, necesito estar bien alerta , primeramente hay que parar en caminar diario y reflexionar profundamente y llegar a conclusiones, viables, y esto me llevara a la sabiduría e inteligencia correcta, pero todo tiene un precio necesito cambiar todo lo anterior para un nuevo camino que llevara a la Cima y por ende este buen camino levara a la sabiduría correcta, a enlazar los cabos que estaban sueltos, para que exista un amarre , preciso, fuerte y viable, y al final todo estará bien.

Capitulo dos.

Proverbios. Capitulo 6: versículos 9- 10.

Perezoso ¿hasta cuándo has de dormir?

¿Cuándo te levantaras de tu sueño?

Un poco de sueño, un poco de dormitar, y cruzar por un poco las manos

Para reposo.

Resumen.

Perezoso ¿hasta cuándo has de dormir? ¿Cuándo te levantaras de tu sueño?

Un poco de sueño, un poco de dormitar, y cruzar por un poco las manos

Para reposo. Aquí nos dice el libro de los Proverbios, en capitulo seis, versículos 9 y 10, que el ser humano si se descuida y no valora su vida, y sigue durmiendo horas y horas, se pasa del tiempo que el cerebro pide para dormir, y se vuelve perezoso, y no se da cuenta, ni medita mucho menos reflexiona que la vida se nos va en un suspiro, y cuándo menos pensemos ya es demasiado tarde.

Palabras clave.

Perezoso, dormir, levantaras, sueno, dormitar, cruzar, manos.

Introducción.

Perezoso ¿hasta cuándo has de dormir? ¿Cuándo te levantaras de tu sueño?

Un poco de sueño, un poco de dormitar, y cruzar por un poco las manos

Para reposo. Aquí nos dice el libro de los Proverbios, en capitulo seis, versículos 9 y 10, que el ser humano si se descuida y no valora su vida, y sigue durmiendo horas y horas, se pasa del tiempo que el cerebro pide para dormir, y se vuelve perezoso, y no se da cuenta, ni medita mucho menos reflexiona que la vida se nos va en un suspiro, y cuándo menos pensemos ya es demasiado tarde. Perezoso, dormir, levantaras, sueno, dormitar, cruzar, manos. Cada ser humano, hemos nacido con todos los atributos, tanto inteligencia, como sabiduría, consejería, y poder, y además tenemos la tenacidad, el coraje de levantarme, después de una caída, que los problemas cotidianos, no van a vencer vencer porque tengo en mi interior cerebral todas herramientas para ser un vencedor, y adema cuento la ayuda del Creador el Eterno, mi amado, Jesús, y el Espíritu Santo. Hay que tener mucho cuidado de dormir de más, y además nos hacemos conformistas, con los brazos cruzados, el cerebro necesita nada mas cinco a seis horas de dormir profundo para que se llene de energía y así pueda actuar normalmente cada amanecer, cada anochecer, y todo saldrá bien, si me organizo, con mi vida y hacer una limpia de amistades, por desgracia hay amistades que nos hacen mucho daño ese tipo d amistades no podemos estar con ellos o con ellas, hay que sembrar en tierra fértil, pero para eso hay que estar bien disciplinados, con astucia, y alejarnos de la pereza somática y cerebral, que nos hace tanto daño, que no tienes idea, es por ello que te invito a ti, mi querido lector (a) que iniciemos un nuevo amanecer, a partir de hoy, ¿Quieres?

Metodología sistemática.

Perezoso ¿hasta cuándo has de dormir?

¿Cuándo te levantaras de tu sueño?

Un poco de sueño, un poco de dormitar, y cruzar por un poco las manos

Para reposo. Aquí nos dice el libro de los Proverbios, en capitulo seis, versículos 9 y 10, que el ser humano si se descuida y no valora su vida, y sigue durmiendo horas y horas, se pasa del tiempo que el cerebro pide para dormir, y se vuelve perezoso, y no se da cuenta, ni medita mucho menos reflexiona que la vida se nos va en un suspiro, y cuándo menos pensemos ya es demasiado tarde. Perezoso, dormir, levantaras, sueno, dormitar, cruzar, manos. Es muy lamentable, y triste, que nacemos con todas las herramientas didáctica, intelectuales, que lo único que tenemos que hacer, es descubrir, nuestros talentos, nuestras virtudes, hay que sacarlas de donde se encuentren , cada ser humano tenemos nuestros dones, nuestras virtudes, pero hay que investigar nuestro interior, nuestras emociones, nuestros frutos, que también ahí están anestesiados, en nuestra mente, nuestro cerebro humano, en nuestro cerebro mamífero y nuestro cerebro instintivo, pero r a cada uno de nosotros nos corresponde, investigar, y extraerlos de donde están, pero, hay que hacerlo, sin embargo como es trabajo, pues no queremos hacerlo, y lo mejor queremos dormir de más, ser perezosos, y conformistas.

Me pregunto: ¿Por qué, los seres humanos somos así, tan conformistas? Acaso,

no tenemos todas las herramientas para ser grandes, tal como se nos dio, a cada ser humano de los cuatro vientos, entonces; ¿Por qué somos tan perezosos, tan egoístas, y tan envidiosos?¡basta ya de angustias y dolores y sufrimientos!

Vamos hoy a empezar un nuevo amanecer, ¿cuántas personas en todo el mundo ya hoy no amanecieron? ¡Están muertos! Y nosotros estamos vivos gloria al Creador el que todo lo puede que sea mi Dios el Eterno Jesús.

Discusión.

Perezoso ¿hasta cuándo has de dormir?

¿Cuándo te levantaras de tu sueño?

Un poco de sueño, un poco de dormitar, y cruzar por un poco las manos

Para reposo. Aquí nos dice el libro de los Proverbios, en capitulo seis, versículos 9 y 10, que el ser humano si se descuida y no valora su vida, y sigue durmiendo horas y horas, se pasa del tiempo que el cerebro pide para dormir, y se vuelve perezoso, y no se da cuenta, ni medita mucho menos reflexiona que la vida se nos va en un suspiro, y cuándo menos pensemos ya es demasiado tarde. Perezoso, dormir, levantaras, sueno, dormitar, cruzar, manos. Me pregunto: ¿Por qué, los seres humanos somos así, tan conformistas? Acaso,

no tenemos todas las herramientas para ser grandes, tal como se nos dio, a cada ser humano de los cuatro vientos, entonces; ¿Por qué somos tan perezosos, tan egoístas, y tan envidiosos?¡basta ya de angustias y dolores y sufrimientos!

Vamos hoy a empezar un nuevo amanecer, ¿cuántas personas en todo el mundo ya hoy no amanecieron? ¡Están muertos! Y nosotros estamos vivos gloria al Creador el que todo lo puede que sea mi Dios el Eterno Jesús.

Estamos de pasada en este mundo llamado tierra, entonces porque seguimos igual de pereza cerebral y somática, y tenemos todas las herramientas para luchar y vencer todo obstáculo. claro con Fe, en nuestro Dios, pensando que el nos ve, y además quiere ayudarnos, todo es cuestión que yo quiera!

Imagen.

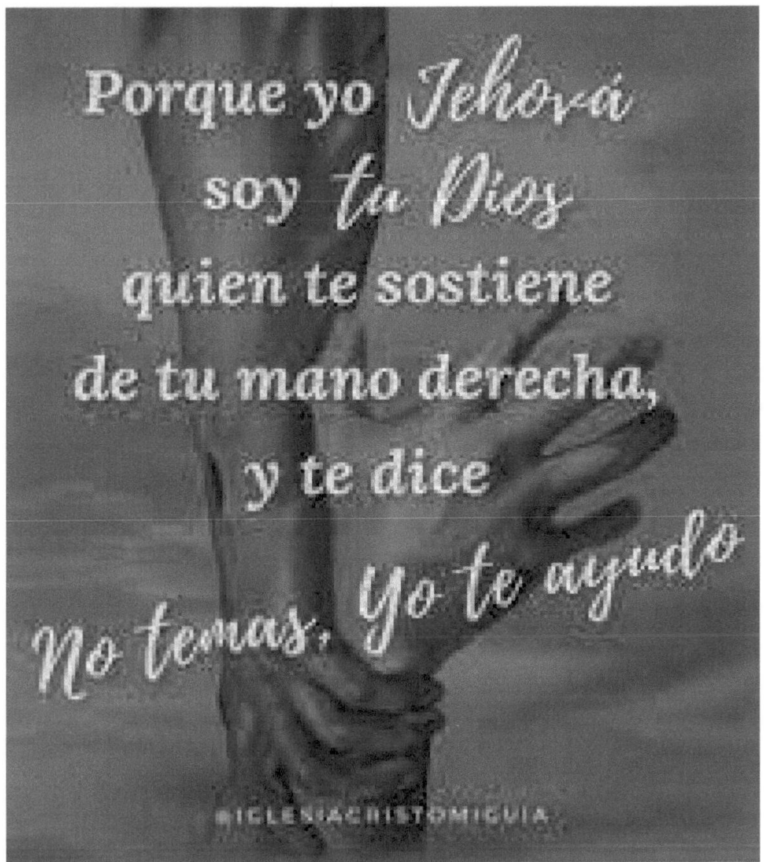
Porque yo Jehová
soy tu Dios
quien te sostiene
de tu mano derecha,
y te dice
No temas, Yo te ayudo

Cuadro mental.

Perezoso ¿hasta cuándo has de dormir?

¿Cuándo te levantaras de tu sueño?

Un poco de sueño, un poco de dormitar, y cruzar por un poco las manos

Para reposo. Aquí nos dice el libro de los Proverbios, en capitulo seis, versículos 9 y 10, que el ser humano si se descuida y no valora su vida, y sigue durmiendo horas y horas, se pasa del tiempo que el cerebro pide para dormir, y se vuelve perezoso, y no se da cuenta, ni medita mucho menos reflexiona que la vida se nos va en un suspiro, y cuándo menos pensemos ya es demasiado tarde. Perezoso, dormir, levantaras, sueno, dormitar, cruzar, manos. Me pregunto: ¿Por qué, los seres humanos somos así, tan conformistas? Acaso,

no tenemos todas las herramientas para ser grandes, tal como se nos dio, a cada ser humano de los cuatro vientos, entonces; ¿Por qué somos tan perezosos, tan egoístas, y tan envidiosos?¡basta ya de angustias y dolores y sufrimientos!

Tenemos un Dios todo poderoso, y es Omnisciente, Omnipotente y es Omnisciente. Y el todo lo sabe hasta discierne nuestros pensamientos, antes de que nuestra boca hable, el ya lo sabe todo, pues el siempre ha estado disponible para ayudarnos, solo falta que ¡yo quiera!

Es muy importante que uno tenga el coraje, la iniciativa de cambiar para bien y

no mal, pero creo firmemente que este es el día, este 19 de marzo del 2023,

fecha importante para todos y cada uno de nosotros, ¿Verdad que sí? ¡O no!

¿Tú que dice, mi querido lector(a) podemos empezar hoy?

Recapitulación.

Perezoso ¿hasta cuándo has de dormir?

¿Cuándo te levantaras de tu sueño?

Un poco de sueño, un poco de dormitar, y cruzar por un poco las manos

Para reposo. Aquí nos dice el libro de los Proverbios, en capitulo seis, versículos 9 y 10, que el ser humano si se descuida y no valora su vida, y sigue durmiendo horas y horas, se pasa del tiempo que el cerebro pide para dormir, y se vuelve perezoso, y no se da cuenta, ni medita mucho menos reflexiona que la vida se nos va en un suspiro, y cuándo menos pensemos ya es demasiado tarde. Perezoso, dormir, levantaras, sueno, dormitar, cruzar, manos. Es muy lamentable, y triste, que nacemos con todas las herramientas didáctica, intelectuales, que lo único que tenemos que hacer, es descubrir, nuestros talentos, nuestras virtudes, hay que sacarlas de donde se encuentren , cada ser humano tenemos nuestros dones, nuestras virtudes, pero hay que investigar nuestro interior, nuestras emociones, nuestros frutos, que también ahí están anestesiados, en nuestra mente, nuestro cerebro humano, en nuestro cerebro mamífero y nuestro cerebro instintivo, pero r a cada uno de nosotros nos corresponde, investigar, y extraerlos de donde están, pero, hay que hacerlo, sin embargo como es trabajo, pues no queremos hacerlo, y lo mejor queremos dormir de más, ser perezosos, y conformistas.

Me pregunto: ¿Por qué, los seres humanos somos así, tan conformistas? Acaso,

no tenemos todas las herramientas para ser grandes, tal como se nos dio, a cada ser humano de los cuatro vientos, entonces; ¿Por qué somos tan perezosos, tan egoístas, y tan envidiosos?¡basta ya de angustias y dolores y sufrimientos!

Vamos hoy a empezar un nuevo amanecer, ¿cuántas personas en todo el mundo ya hoy no amanecieron? ¡Están muertos! Y nosotros estamos vivos gloria al Creador el que todo lo puede que sea mi Dios el Eterno Jesús.

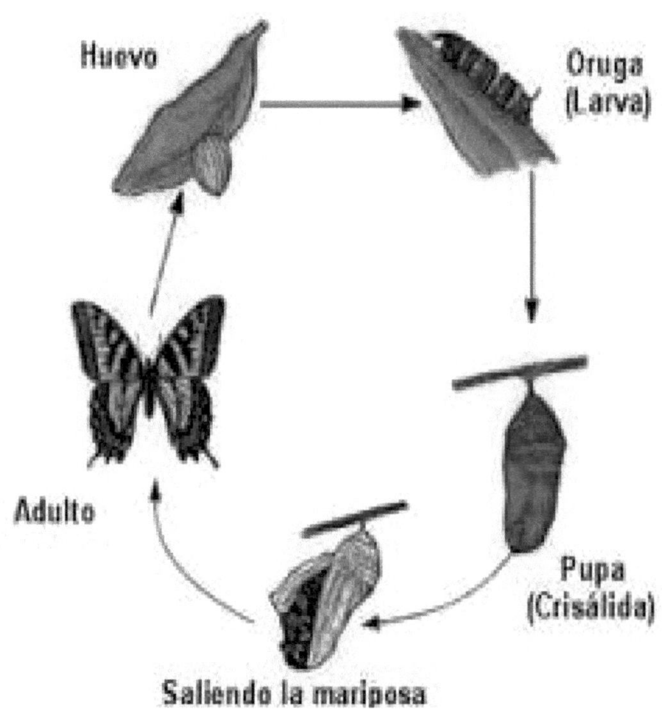
Huevo
Oruga
(Larva)
Adulto
Pupa
(Crisálida)
Saliendo la mariposa

18.

La metamorfosis de la mariposa, con sus respectivos cambios, como lo describe la imagen anterior.

Así debería de ser con el ser humano, para poder salir de la pereza, del sueño, de la apatía, del conformismo, del egocentrismo y tantas cosas que nos hace tanto daño, y todo porque como no queremos tener un cambio interno y externo. Podemos elaborar una analogía metafórica del al hormiga, de la mariposa monarca y del ser humano, y vamos a observar, a discernir, que la hormiga, y la mariposa monarca nos dan ejemplo da valentía, de coordinación, de disciplina para nosotros los seres humanos, y eso que solo cuenta con un pequeño cerebro instintivo, y nosotros los humanos tenemos tres cerebros, y aun así, nos dejamos levar por las ideas de otros, por los comentarios de muchas personas, pero aquí se necesita que yo, muy personal parar en caminar, y me pondré a reflexionar, a discernir, y llegar a un punto y me pregunto: ¿Por qué, no hacemos las cosas bien, los pensamientos están distorsionados a pesar de que tenemos todos los atributos, todas las características, interna y externa, cerebrales y somáticas para poder triunfar, y decir un: No cuando es no y un Si cuando es si, peor lo as curioso es que no queremos, como que nos encanta la pereza cerebral y somática, y a veces somos muy conformistas. ¡Que tristeza, pero así somos! Aquí viene la pregunta del que así somos, pero tenemos todos los atributos cerebrales, memoria mente, conciencia, alma, espíritu para ser mejores, todo es cuestión que yo quiera, y si mi corazón se quebranta y mi espíritu es humilde, pues vendrá el poder de lo Alto que es mi Dios, Jesús y el Espíritu Santo, y tender todo para enderezar mis desvíos, y así seré un triunfador, con es gran ayuda.

Reflexión.

Es muy importante que, tomemos nuestras actividades diarias, en serio, debo decirles que cada amanecer que abrimos nuestros ojos, debemos darle gracias por su Infinita Misericordia y su gran Amor al Creador de los Cielos y la Tierra, el Omnipotente, el Omnisciente y Omnipotente, que nos permite vivir un día, mas, pues bie3n, este día, que es hoy, lunes 21 de marzo del 2023, debemos de sacarle jugo al día, y no permitir, que se nos pase el hermoso día, sin nacer nada, hay que recordar lo que hace la hormiga, o las hormigas, que trabajan todo el verano para que tengan aliento para el invierno, y ya sabemos que su habitación de las hormigas está en subsuelo, ahí ellas tienen todo bien organizado, al parecer tienen una gran ciudad de la, que tienen su panteón, para cuándo se muere cada hormiga y ellas la entierra ahí en su panteón, ¡Que hermoso ejemplo nos dan, a nosotros los humanos las hormigas! ¿Verdad que sí?

Tomemos el gran ejemplo de las hormigas, y pongámonos a reflexionar, algunos segundos, a meditar, y nos preguntamos cada uno de nosotros: ¿Que estoy haciendo?

Hay que recordar que cada amanecer que nuestro Creador nos permite abrir nuestros hermosos ojos, pues bien hay sacarle jugo, porque debo decirles, que en este hermoso amanecer, muchas personas de los cuatro vientos, (pueblo, rancherías, colonias, ciudades, naciones) hoy amanecieron ya con sus ojos cerrados, es decir tristemente ya están muertos, (se les fue el alma y el espíritu que son inmortales y el alma tiene que dar cuentas al Creador al Dios Eterno de lo que hizo aquí en al tierra), pues bien si, cada uno de nosotros que nos permitió el eterno abrir un día más, nuestros ojos, pues bien, hay que aprovechar el hermoso día, y hacer cosas buenas, por ejemplo: ser servidor y nos ser servido con los demás, decir al vecino, ¡bue día vecino!, y ayudar a todo a aquel o aquella que cada uno de nosotros podamos hacerlo, ¿Verdad que si se puede?. Por ejemplo, en este momento estoy escribiendo este hermoso capítulo de este hermoso libro para cada unió de ustedes, no importa la distancia, ahí estas tú, lo se muy bien. ¡Adelante pues!

Capitulo tres.

Proverbios. Capítulo 6: versículos, 11- 12.

Así vendrá tu necesidad como Caminante;

Y tu pobreza como hombre armado.

El hombre malo, el hombre depravado, es el que anda

En perversidad de boca.

Resumen.

Así vendrá tu necesidad como Caminante; y tu pobreza como hombre armado. El hombre malo, el hombre depravado, es el que anda en perversidad de boca, hoy día veo por doquier tanta maldad, tanta Depravación en hombres y mujeres, de diferentes edades, por doquier Pienso que solo existe un remanente en todo el mundo, que hay, personas Con un corazón humilde, servidores y con humildad en su ser.

Palabras clave.

Necesidad, caminante, pobreza, hombre, armado, malo, depravado, Anda, perversidad, boca.

Introducción.

Así vendrá tu necesidad como Caminante; y tu pobreza como hombre armado.

El hombre malo, el hombre depravado, es el que anda en perversidad de boca.

Necesidad, caminante, pobreza, hombre, armado, malo, depravado. Anda, perversidad, boca. Todo ser humano, que anda con su necesidad, caminando día y noche, días, semanas, meses, y anos y hasta su fin de existencia aquí en la tierra, siempre será pobre, y con ello, se pervierte de boca en boca, y su pobreza seguirá hasta su fin. hay personas en los cuatro vientos, que así, nacen, se desarrollan, así, caminan así, envejecen y no paran para mediar, para reflexionar, y preguntarse: ¿así será mi vida miserable hasta el final de mis días? Esto sucede si tu lo quieres, porque cada ser humano hemos nacido para caminar, y ser fuerte, trabajar, y meditar día tras día de nuestra existencia. Me he puesto a pensar y meditar hoy en mi caminar por la mañana, cuando ,vi un choque automovilístico, y me acorde de la hormiga, que ella en conjunto, camina, unas van otras vienen, pero lo más interesante es que no chocan ni las que van ni las que vienen, es algo asombroso, y yo meditaba en caminar hoy, y me dije a si mismo, si nacimos con tres cerebros en nuestra: Masa encefálica, y tenemos todos los atributos, las fortalezas, y, hasta dones,, y viene a mi cerebro esta interrogativa: ¿Por qué, nosotros los seres humanos, somos necios, arrogantes, perversos, necios, egocéntricos, y nos encanta la maldad, hasta llegar a la Sima (abismo). Y así ha sido la humanidad, desde que hombre existe, a través de las generaciones, y los miles y miles de años, nos hemos portados de igual manera, como que, no nos gusta vivir en armonía, al parecer siempre estamos buscando la maldad en nuestro interior, ¡que Dios nos de su luz espiritual, para poder vivir en armonía!

Metodología sistemática.

Así vendrá tu necesidad como Caminante; y tu pobreza como hombre armado.

El hombre malo, el hombre depravado, es el que anda en perversidad de boca.

Necesidad, caminante, pobreza, hombre, armado, malo, depravado. Anda, perversidad, boca. Todo ser humano, que anda con su necesidad, caminando día y noche, días, semanas, meses, y anos y hasta su fin de existencia aquí en la tierra, siempre será pobre, y con ello, se pervierte de boca en boca, y su pobreza seguirá hasta su fin. hay personas en los cuatro vientos, que así, nacen, se desarrollan, así, caminan así, envejecen y no paran para mediar, para reflexionar, y preguntarse: ¿así será mi vida miserable hasta el final de mis días? Esto sucede si tú lo quieres, porque cada ser humano hemos nacido para caminar, y ser fuerte, trabajar, y meditar día tras día de nuestra existencia. Me he puesto a pensar y meditar hoy en mi caminar por la mañana, cuando ,vi un choque automovilístico, y me acorde de la hormiga, que ella en conjunto, camina, unas van otras vienen, pero lo más interesante es que no chocan ni las que van ni las que vienen, es algo asombroso, y yo meditaba en caminar hoy, y me dije a sí mismo, si nacimos con tres cerebros en nuestra: Masa encefálica, y tenemos todos los atributos, las fortalezas, y, hasta dones,, y viene a mi cerebro esta interrogativa: ¿Por qué, nosotros los seres humanos, somos necios, arrogantes, perversos, necios, egocéntricos, y nos encanta la maldad, hasta llegar a la Sima (abismo). Y así ha sido la humanidad, desde que hombre existe, a través de las generaciones, y los miles y miles de años, nos hemos portados de igual manera, como que, no nos gusta vivir en armonía, al parecer siempre estamos buscando la maldad en nuestro interior, ¡que Dios nos de su luz espiritual, para poder vivir en armonía! Todo está en nuestro interior lo malo y lo bueno, ya dependerá de ti, hacia dónde vas, si vas rumbo a la Sima de la depravación, tú decides, o si vas rumbo a la Cima al amor verdadero, que bien, que es lo correcto de todo ser humano que vivimos hoy día, pero la mayor parte de la población mundial, prefieren irse a la depravación, rumbo a la Sima, ¿Por qué; no lo sé?

Discusión.

Todo ser humano, que anda con su necesidad, caminado día y noche, días, semanas meses, anos y hasta su fin de su existencia aquí en la tierra, siempre será pobre, y con ello, se pervierte de boca en boca, y su pobreza seguirá hasta su fin, hay personas en los cuatro vientos, que así, nacen, se desarrollan, así, caminan así, envejecen y no paran para mediar, para reflexionar, y preguntarse: ¿así será mi vida miserable hasta el final de mis días? Esto sucede si tú lo quieres, porque cada ser humano hemos nacido para caminar, y ser fuerte, trabajar, y meditar día tras día de nuestra existencia.

Todo está en nuestro interior lo malo y lo bueno, ya dependerá de ti, hacia dónde vas, si vas rumbo a la Sima de la depravación, tú decides, o si vas rumbo a la Cima al amor verdadero, que bien, que es lo correcto de todo ser humano que vivimos hoy día, pero la mayor parte de la población mundial, prefieren irse a la depravación, rumbo a la Sima, ¿Por qué no lo sé? Y así ha sido la humanidad, desde que hombre existe, a través de las generaciones, y los miles y miles de años, nos hemos portados de igual manera, como que, no nos gusta vivir en armonía, al parecer siempre estamos buscando la maldad en nuestro interior, ¡que Dios nos de su luz espiritual, para poder vivir en armonía! Todo está en nuestro interior lo malo y lo bueno, ya dependerá de ti, hacia dónde vas, si vas rumbo a la Sima de la depravación, tú decides, o si vas rumbo a la Cima al amor verdadero, que bien, que es lo correcto de todo ser humano que vivimos hoy día, pero la mayor parte de la población mundial, prefieren irse a la depravación, rumbo a la Sima, ¿Por qué; no lo sé? Lo que si se, es que la decisión en mía, es tuya, ya depende de mis decisiones, ya sea correcta, o ya sea incorrectas, pero la decisión es mía, no debo de culpar a nadie, solo yo sé, lo que debo de hacer, y si no encuentro la salida, las sinterrogantes, b ueno tengo, tenemos un Dios amoroso, misericordioso, que nos puede ayudar si se lo pedimos de todo corazón, y si se quebranta mi corazón y es humilde mi espíritu entonces el Dios Eterno, Jesús y el Espíritu Santo vendrá a mí.

Imagen.

seña con los dedos
guiña los ojos
siembra discordias
Proverbios 6:12-15
habla perverción
habla con los pies

Cuadro mental.

Así vendrá tu necesidad como Caminante;
Y tú pobreza como hombre armado.
El hombre malo, el hombre depravado, es el que anda
En perversidad de boca. Necesidad, caminante, pobreza, hombre,
armado, malo, depravado, anda, perversidad, boca.

Todo ser humano, que anda con su necesidad, caminado día y noche, días, semanas meses, anos y hasta su fin de su existencia aquí en la tierra, siempre será pobre, y con ello, se pervierte de boca en boca, y su pobreza seguirá hasta su fin, hay personas en los cuatro vientos, que así, nacen, se desarrollan, así, caminan así, envejecen y no paran para mediar, para reflexionar, y preguntarse: ¿así será mi vida miserable hasta el final de mis días? Esto sucede si tú lo quieres, porque cada ser humano hemos nacido para caminar, y ser fuerte, trabajar, y meditar día tras día de nuestra existencia.

¿Y tú, que dices, mi querido lector(a) es este cuadro mental?

Yo creo que, si se puede, cuando uno se lo propone, con coraje, con ánimo, con sabiduría, con inteligencia, con poder, con consejería, con conocimiento y sobre todo tener "temor a Dios". Muy bien, creo que vamos por un buen camino, rumbo a la educación de alta calidad, con integración del maestro (a) y el estudiantado clase tras clase.

Recapitulación.

Así vendrá tu necesidad como Caminante; y tu pobreza como hombre armado.

El hombre malo, el hombre depravado, es el que anda en perversidad de boca.

Necesidad, caminante, pobreza, hombre, armado, malo, depravado. Anda, perversidad, boca. Todo ser humano, que anda con su necesidad, caminando día y noche, días, semanas, meses, y anos y hasta su fin de existencia aquí en la tierra, siempre será pobre, y con ello, se pervierte de boca en boca, y su pobreza seguirá hasta su fin. hay personas en los cuatro vientos, que así, nacen, se desarrollan, así, caminan así, envejecen y no paran para mediar, para reflexionar, y preguntarse: ¿así será mi vida miserable hasta el final de mis días? Esto sucede si tú lo quieres, porque cada ser humano hemos nacido para caminar, y ser fuerte, trabajar, y meditar día tras día de nuestra existencia. Me he puesto a pensar y meditar hoy en mi caminar por la mañana, cuando ,vi un choque automovilístico, y me acorde de la hormiga, que ella en conjunto, camina, unas van otras vienen, pero lo más interesante es que no chocan ni las que van ni las que vienen, es algo asombroso, y yo meditaba en caminar hoy, y me dije a sí mismo, si nacimos con tres cerebros en nuestra: Masa encefálica, y tenemos todos los atributos, las fortalezas, y, hasta dones,, y viene a mi cerebro esta interrogativa: ¿Por qué, nosotros los seres humanos, somos necios, arrogantes, perversos, necios, egocéntricos, y nos encanta la maldad, hasta llegar a la Sima (abismo). Y así ha sido la humanidad, desde que hombre existe, a través de las generaciones, y los miles y miles de años, nos hemos portados de igual manera, como que, no nos gusta vivir en armonía, al parecer siempre estamos buscando la maldad en nuestro interior, ¡que Dios nos de su luz espiritual, para poder vivir en armonía! Todo está en nuestro interior lo malo y lo bueno, ya dependerá de ti, hacia dónde vas, si vas rumbo a la Sima de la depravación, tú decides, o si vas rumbo a la Cima al amor verdadero, que bien, que es lo correcto de todo ser humano que vivimos hoy día, pero la mayor parte de la población mundial, prefieren irse a la depravación, rumbo a la Sima, ¿Por qué; no lo sé?

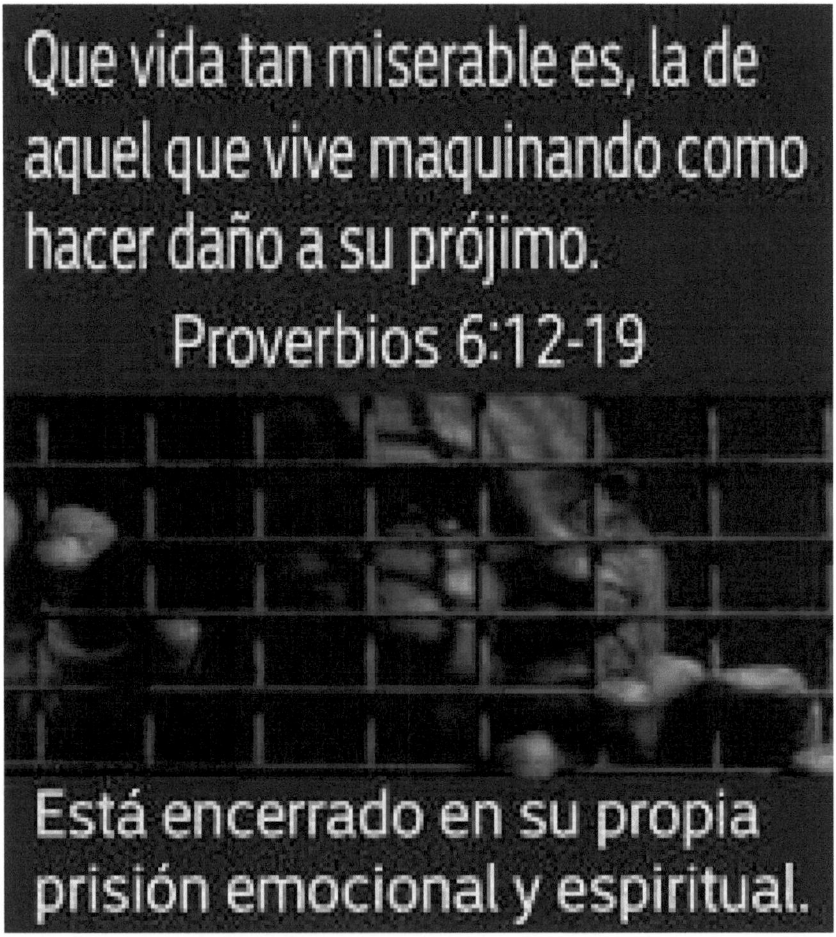

Que vida tan miserable es, la de aquel que vive maquinando como hacer daño a su prójimo.

Proverbios 6:12-19

Está encerrado en su propia prisión emocional y espiritual.

¿Qué te dice la imagen?

Cuando ,vivimos prisioneros en nuestro interior, nuestras emociones frustradas, infelicidad, egocéntricos, prisioneros y encerrados de nuestra mente, vivimos una vida amargada, estresada, con una ansiedad horrible, somos prisioneros de nuestras propias emociones, nuestra tristeza no está afuera, sino que está en nuestro interior, la mente, y los tres cerebros están pelando día y noche a cada instante, necesitamos ayuda, y la pedimos, o nos llevan con el médico, con psiquiatra, con el psicólogo, y no avanzamos de nuestras tragedias, vivimos igual, y para ello, se necesita un milagro, y es milagro solo lo puede dar mi Cristo, tiene que ser algo sobrenatural, es por ello que todo ser humano, todos necesitamos la ayuda del Cristo el que murrio por toda humanidad, tuvo que morir en la cruz y vaciar toda su sangre hasta la última gota de sus venas, veulas, de sus arterias y arteriolas, porque la sangre da vida, y vida eterna, voy a poner un ejemplo, de que esta una persona en un hospital y tiene anemia, y necesita sangre de otra persona con el mismo tipo de sangre, y sin no le dan sangre por la vena de la otra persona, entonces sus órganos , aparatos, sistemas, cerebro, todo su ser va a morir, y hasta EL CORAZON, PORQUE EL CORAZON VIVE GRACIAS A LA SANGRE pues bien la sangre da vida, así la sangre de Jesús nos da vida, pero es vida eterna. ¿Qué dice mi querido lector(a) respecto lo que está escrito, respecto a la imagen anterior?

¿Será verdad que la sangre nos da vida? Y que, sin la sangre, pues no morimos, usted que dice, ¿es correcto o es incorrecto?

Efesios 2.1-3
LA CONDICIÓN DEL HOMBRE SIN DIOS

Capitulo cuatro.

Proverbios. Capitulo 6: versículos, 13- 14.

Que guiña los ojos, que habla con los pies,

Que hace señas con los dedos.

Perversidades hay en su corazón; anda pensando el mal en todo

Tiempo; siembra las discordias.

Resumen.

Que guiña los ojos, que habla con los pies, que hace señas con los dedos

Perversidades hay en su corazón; anda pensando el mal en todo tiempo; siembra las discordias. Así actúa el ser humano, que no ha aprendido a meditar, a reflexionar, a colectar la mente con el cerebro humano (conciencia y entendimiento)

que actúa el cerebro mamífero- hormonal y sexual y, además se integra con el cuerpo que es manejado por a las emociones distorsionadas, y que piensa con los dedos de sus pies, y además hay discordia día y noche y hasta a veces no puede dormir, y en el día, sufre somnolencia y discordias. Así actúa el ser humano, que no ha aprendido a meditar, a reflexionar, a colectar la mente con el cerebro humano (conciencia y entendimiento) que actúa el cerebro mamífero- hormonal y sexual y, además a meditar, a reflexionar, a colectar la mente con el cerebro humano (conciencia y entendimiento) que actúa el cerebro mamífero- hormonal y sexual y, además que es manejado por las emociones distorsionadas.

Palabras clave.

Discordias, indisciplina, coraje, pereza somática y cerebral, desamor, estrés emocional y somática. Sueno fingido, descoordinación cerebral y somática.

Introducción

Que guiña los ojos, que habla con los pies, que hace señas con los dedos

Perversidades hay en su corazón; anda pensando el mal en todo tiempo; siembra las discordias. Así actúa el ser humano, que no ha aprendido a meditar, a reflexionar, a colectar la mente con el cerebro humano (conciencia y entendimiento)

a que actúa el cerebro mamífero- hormonal y sexual y, además Y que piensa con los dedos de sus pies, y además hay discordia día y noche y hasta a veces no puede dormir, y en el día, sufre de somnolencia, y discordias. Y que actúa el cerebro mamífero- hormonal y sexual y, además se integra con el cuerpo que es manejado por las emociones distorsionadas, y que piensa con los dedos de sus pies, y además hay discordia día y noche, y hasta a veces no puede no puede dormir, y en el día sufre de somnolencia. Discordias, indisciplina, coraje, pereza somática y cerebral, desamor, estrés emocional y somática. Sueno fingido, descoordinación cerebral y somática. Perversidad, corazón, guiña, ojos, pies, siembra, discordia, dedos, pensar mal, como ustedes ven, y están leyendo esta interesante introducción de este hermoso capitulo cuarto, vemos que nada bueno de espera al ser humano, que vive, y piensan que la vida es un juego nada más, que la vida pasa de noche, pero por desgracia no es así, uno nace, crece, camina, pasan los años, y cuando menos piensa, ya los anos nos están ganando la batalla, y no hay vuelta de hoja para atrás, por ello y más, hay que vivir al máximo el día que estamos viviendo, porque nadie sabe, si va a amanecer el siguiente día vivo.

Metodología sistemática.

Que guiña los ojos, que habla con los pies, que hace señas con los dedos.

Perversidades hay en su corazón; anda pensando el mal en todo

Tiempo; siembra las discordias. Así actúa el ser humano, que no ha aprendido

a meditar, a reflexionar, a colectar la mente con el cerebro humano (conciencia

Y entendimiento) que actúa el cerebro mamífero- hormonal y sexual y, además

Se integra con el cuerpo que es manejado por a las emociones distorsionadas,

Y que piensa con los dedos de sus pies, y además hay discordia día y noche y

Y hasta a veces no puede dormir, y en el día, sufre de somnolencia. Perversidad, corazón, guiña, ojos, pies, siembra, discordia, dedos, pensar mal.

Hay un remanente en los cuatro vientos, que, si medita, si reflexiona, si lee Las Sagradas Escrituras día y noche, y llega a un pensamiento profundo y complejo y que además lo pone por obra lo leído, pero son muy pocos y pocas, los demás

Andamos con pensamientos distorsionados, con perversidades en el corazón y malicia por doquier día y noche, creo que esas personas, son torpes, y no son servidores en la comunidad donde ellos y ellas conviven, ¡es muy triste, pero cierto!

¿Se podrá cambiar de hábitos, metales y somáticos hoy día? Yo creo que sí, porque hemos nacidos con todas las herramientas necesarias para hacer cambios internos y externos, empezando con los tres cerebros, con nuestro corazón, con nuestra mente, con nuestra conciencia, y el que quiere cambiar, lo logra, porque ¡querer es poder! Pero si no queremos, pues nuestra vida será un ¡caos espantoso!

Discusión.

Que guiña los ojos, que habla con los pies, que haces señas con los dedos. Perversidades hay en su corazón; anda pensando el mal en todo Tiempo; siembra las discordias. Así actúa el ser humano, que no ha aprendido a meditar, a reflexionar, a colectar la mente con el cerebro humano (conciencia Y entendimiento) que actúa el cerebro mamífero- hormonal y sexual y, además Se integra con el cuerpo que es manejado por a las emociones distorsionadas, Y que piensa con los dedos de sus pies, y además hay discordia día y noche y Y hasta a veces no puede dormir, y en el día, sufre de somnolencia. Perversidad, corazón, guiña, ojos, pies, siembra, discordia, dedos, pensar mal.

Hay un remanente en los cuatro vientos, que, si medita, si reflexiona, si lee Las Sagradas Escrituras día y noche, y llega a un pensamiento profundo y complejo y que además lo pone por obra lo leído, pero son muy pocos y pocas, los demás

Andamos con pensamientos distorsionados, con perversidades en el corazón y malicia por doquier día y noche, creo que esas personas, son torpes, y no son servidores en la comunidad donde ellos y ellas conviven, ¡es muy triste, pero cierto!

¿Se podrá cambiar de hábitos, metales y somáticos hoy día? Yo creo que sí, porque hemos nacidos con todas las herramientas necesarias para hacer cambios internos y externos, empezando con los tres cerebros, con nuestro corazón, con nuestra mente, con nuestra conciencia, y el que quiere cambiar, lo logra, porque ¡querer es poder! Pero si no queremos, pues nuestra vida será un ¡caos espantoso!

Imagen.

35.

Cuadro mental.

Que guiña los ojos, que habla con los pies,

Que hace señas con los dedos.

Perversidades hay en su corazón; anda pensando el mal en todo

Tiempo; siembra las discordias. Así actúa el ser humano, que no ha aprendido a meditar, a reflexionar, a colectar la mente con el cerebro humano (conciencia Y entendimiento) que actúa el cerebro mamífero- hormonal y sexual y, además Se integra con el cuerpo que es manejado por a las emociones distorsionadas, Y que piensa con los dedos de sus pies, y además hay discordia día y noche y Y hasta a veces no puede dormir, y en el día, sufre de somnolencia. Perversidad, corazón, guiña, ojos, pies, siembra, discordia, dedos, pensar mal.

Como ustedes ven, nada bueno de espera al hombre holgazán, perezoso, que duermes durante el día, que no medita, que no reflexionar de su vida diaria, que su vida es una caos, que los Anos pasan y el o ella no le interesa, hasta que ve que su pelo se ha convertido blanco (canas y canas), y la piel se arruga, que sus tejidos, aparatosa sistemas, el corazón, la mente su conciencia todos ellos se están disminuyendo sus funciones, ya no es lo mismo, ya el olvidadizo en todo y para todo, es muy triste y lamentable llegar a esa edad, todo acabado sin ilusiones, y solo espera morir. ¡Que lamentable, y que triste ¡pero eso les pasa a muchas personas que vivimos en este planeta llamado Tierra.

Recapitulación.

Que guiña los ojos, que habla con los pies,

Que hace señas con los dedos.

Perversidades hay en su corazón; anda pensando el mal en todo

Tiempo; siembra las discordias. Así actúa el ser humano, que no ha aprendido

a meditar, a reflexionar, a colectar la mente con el cerebro humano (conciencia

Y entendimiento) que actúa el cerebro mamífero- hormonal y sexual y, además

Se integra con el cuerpo que es manejado por a las emociones distorsionadas,

Y que piensa con los dedos de sus pies, y además hay discordia día y noche y

Y hasta a veces no puede dormir, y en el día, sufre de somnolencia. Perversidad, corazón, guiña, ojos, pies, siembra, discordia, dedos, pensar mal.

Hay un remanente en los cuatro vientos, que, si medita, si reflexiona, si lee Las Sagradas Escrituras día y noche, y llega a un pensamiento profundo y complejo y que además lo pone por obra lo leído, pero son muy pocos y pocas, los demás

Andamos con pensamientos distorsionados, con perversidades en el corazón y malicia por doquier día y noche, creo que esas personas, son torpes, y no son servidores en la comunidad donde ellos y ellas conviven, ¡es muy triste, pero cierto!

¿Se podrá cambiar de hábitos, metales y somáticos hoy día? Yo creo que sí, porque hemos nacidos con todas las herramientas necesarias para hacer cambios internos y externos, empezando con los tres cerebros, con nuestro corazón, con nuestra mente, con nuestra conciencia, y el que quiere cambiar, lo logra, porque ¡querer es poder!

El
amor verdadero
es simple
de una manera
sublime, a
diferencia
del amor falso
que tiene muchos deseos,
el verdadero amor solo
aspira una cosa
COMPARTIR

¿Qué le pareció este hermoso capitulo?

Mi querido lector(a) Es muy lamentable, pero eso pasa a muchas personas, o nos pasa en vez en cuando, a veces pensamos, que vida se detiene, y no es así, la vida sigue, y además estaos viviendo donde el tiempo está pasando muy rápido al parecer este Planeta Tierra , está sufriendo cambios en su interior y en su núcleo, y además está sufriendo dolores de parto en su interior y todo ello nos esta perjudicando a nosotros los seres humanos que vivimos en este Planeta Tierra. Necesitamos estar alertas, mas que nunca, porque vienen tiempos muy difíciles, para toda la humanidad, serán las profecías Bíblicas, quien sabe, pero esta sucediendo, creamos o no, pero esta sucediendo, pienso que cada uno debe de estar muy alerta en estos tiempos, porque cada día se está poniendo más difícil vivir, es tiempo de despertar, ya no hay tiempo de dormir, y dormir, es tiempo de despertar la conciencia, de meditar, día y noche, y preguntarnos. ¿Qué estoy haciendo con m i vida, y hacia donde voy con este tipo de vida que llevo hoy día? Es una vergüenza que una hormiga nos ponga el ejemplo, y nos ensena como organizarnos, como debemos de vivir en estos días, además lasa hormigas no chocan , y no usar el celular- Internet, a ellas no les interesa esas cosas, porque son perdida de tiempo si lo usamos mal, si lo usamos horas y horas días, y noches, que lamentable, pero esa es la pura realidad y verdad hoy día en pleno silgo 21, pues estanos en 2023, y vienen tiempos más difíciles, ¡no sé!, que va a pasar mas adelante, ¡que vamos hacer todos y cada uno de nosotros, para poder vivir en armonía!

"Yo soy la vid verdadera"
"Yo soy el pan de vida"
"Yo soy el camino, la verdad y la vida"
Los siete "YO SOY" de Jesús
"Yo soy la luz del mundo"
"Yo soy la resurrección y la vida"
"Yo soy el buen pastor"
"Yo soy la puerta"
CatholicLink

Capitulo cinco.

Proverbios. Capítulo 6: versículos, 15- 16.

Por tanto, su calamidad vendrá de repente; súbitamente será

Quebrantado, y no habrá remedio.

Seis cosas aborrecen Jehová, y aun siete abomina su alma.

Resumen.

Por tanto, su calamidad vendrá de repente; súbitamente será quebrantado, y no habrá remedio. Seis cosas aborrecen Jehová, y aun siete abomina su alma. El que siembra angustia, envidia, egocentrismo, envidias, coraje, calamidad. No habrá remedio. Los resultados de la iniquidad pueden ser irreversible. Su castigo será según el crimen cuando Dios juzgue. Quebrantar, calamidad, iniquidad, irreversible, súbltamente, castigo, crimen, Dios.

Palabras clave.

Quebrantar, calamidad, iniquidad, irreversible,

Súbitamente, castigo, crimen, Dios.

Introducción.

Por tanto, su calamidad vendrá de repente; súbitamente será quebrantado, y no habrá remedio. Seis cosas aborrecen Jehová, y aun siete abomina su alma.

El que siembra angustia, envidia, egocentrismo, envidias, coraje,

Calamidad. **No habrá remedio.** Los resultados de la iniquidad pueden

Ser irreversible. Su castigo será según el crimen cuando Dios juzgue.

Quebrantar, calamidad, iniquidad, irreversible,

Súbitamente, castigo, crimen, Dios. **Siete.** La secuencia de estos dos n umeros

(seis y siete) se empleaba para representar la totalidad y como medio de

Llamar la atención (cp. Proverbios. Capítulo 30 y versículos, 15 y 18; Job. Capítulo 5, versículo 19; Amos. Capítulo 1 y versículo 3) Estos siete detestables pecados permiten vislumbrar profundamente la pecaminosidad del hombre.

Estos versículos son como una recapitulación de las anteriores advertencias:

1) Ojos altivos (versículo 13ª, "guiña"), 2) la lengua mentirosa (versículo 12b, "perversidad de boca") 3) manos (versículo. 13c, "dedos");

4) corazón (versículo 14ª); 5) pies (versículo 13b); 6) testigo falso (versículo 12b), y 7) discordia (versículo 14c)

Metodología sistemática.

Por tanto, su calamidad vendrá de repente; súbitamente será

Quebrantado, y no habrá remedio.

Seis cosas aborrecen Jehová, y aun siete abomina su alma.

El que siembra angustia, envidia, egocentrismo, envidias, coraje,

Calamidad. **No habrá remedio.** Los resultados de la iniquidad pueden

Ser irreversible. Su castigo será según el crimen cuando Dios juzgue.

Quebrantar, calamidad, iniquidad, irreversible,

Súbitamente, castigo, crimen, Dios. **Siete.** La secuencia de estos dos n umeros (seis y siete) se empleaba para representar la totalidad y como medio de Llamar la atención (cp. Proverbios. Capítulo 30 y versículos, 15 y 18; Job. Capítulo 5, versículo 19; Amos. Capítulo 1 y versículo 3) Estos siete detestables pecados permiten vislumbrar profundamente la pecaminosidad del hombre.

Estos versículos son como una recapitulación de las anteriores advertencias:

2) Ojos altivos (versículo 13ª, "guiña"), 2) la lengua mentirosa (versículo 12b, "perversidad de boca") 3) manos (versículo. 13c, "dedos");

4) corazón (versículo 14ª); 5) pies (versículo 13b); 6) testigo falso (versículo 12b), y 7) discordia (versículo 14c)

Discusión.

Por tanto, su calamidad vendrá de repente; súbitamente será

Quebrantado, y no habrá remedio.

Seis cosas aborrecen Jehová, y aun siete abomina su alma.

El que siembra angustia, envidia, egocentrismo, envidias, coraje,

Calamidad. **No habrá remedio.** Los resultados de la iniquidad pueden

Ser irreversible. Su castigo será según el crimen cuando Dios juzgue.

Quebrantar, calamidad, iniquidad, irreversible,

Súbitamente, castigo, crimen, Dios. **Siete.** La secuencia de estos dos n umeros (seis y siete) se empleaba para representar la totalidad y como medio de Llamar la atención (cp. Proverbios. Capítulo 30 y versículos, 15 y 18; Job. Capítulo 5, versículo 19; Amos. Capítulo 1 y versículo 3) Estos siete detestables pecados permiten vislumbrar profundamente la pecaminosidad del hombre.

Estos versículos son como una recapitulación de las anteriores advertencias:

3) Ojos altivos (versículo 13ª, "guiña"), 2) la lengua mentirosa (versículo 12b, "perversidad de boca") 3) manos (versículo. 13c, "dedos");
4) corazón (versículo 14ª); 5) pies (versículo 13b); 6) testigo falso (versículo 12b), y 7) discordia (versículo 14c).

   a Dios no le gusta nada los ojos altivos, ni la lengua mentirosa, muchos menos la perversidad de boca, ni las manos ni los dedos que engañan, el corazón altivez tampoco, y ser testigo falso no le agrada nada. Porque somos así los seres humanos, y sabemos que estamos mal, ¡porque lo hacemos! No lo sé, pero así es, somos tales falsos, tan hipócritas, tan egoístas, y mentirosos, ¡qué triste, pero así es!,

Imagen.

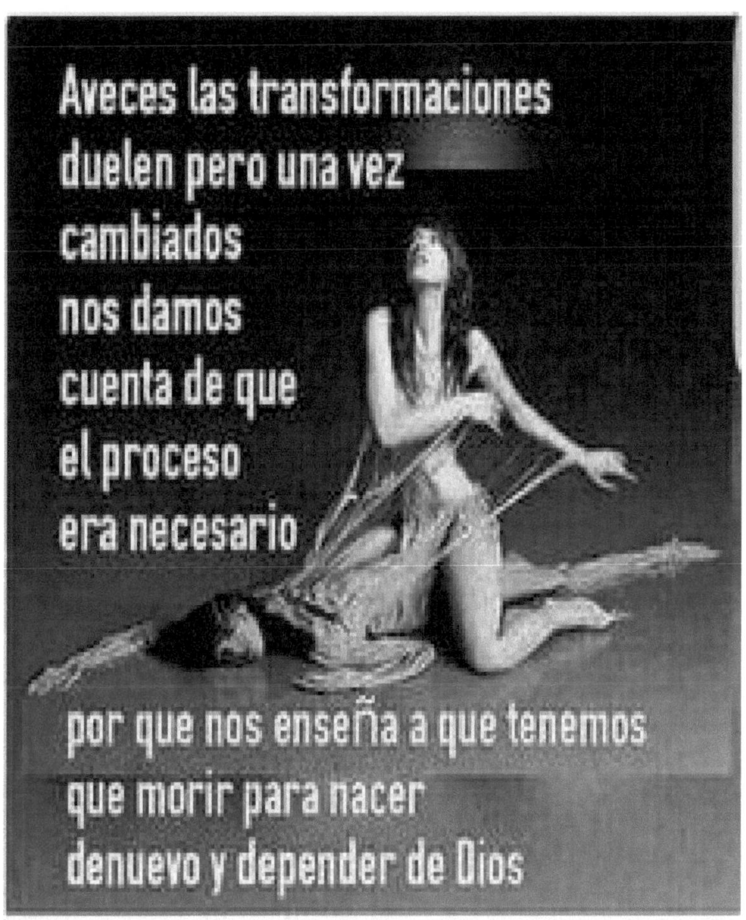
Aveces las transformaciones
duelen pero una vez
cambiados
nos damos
cuenta de que
el proceso
era necesario
por que nos enseña a que tenemos
que morir para nacer
denuevo y depender de Dios

Cuadro mental.

Por tanto, su calamidad vendrá de repente; súbitamente será Quebrantado, y no habrá remedio.
Seis cosas aborrecen Jehová, y aun siete abomina su alma.

El que siembra angustia, envidia, egocentrismo, envidias, coraje, Calamidad. **No habrá remedio.** Los resultados de la iniquidad pueden Ser irreversible. Su castigo será según el crimen cuando Dios juzgue. Quebrantar, calamidad, iniquidad, irreversible, Súbitamente, castigo, crimen, Dios. **Siete.** La secuencia de estos dos n umeros (seis y siete) se empleaba para representar la totalidad y como medio de Llamar la atención (cp. Proverbios. Capítulo 30 y versículos, 15 y 18; Job. Capítulo 5, versículo 19; Amos. Capítulo 1 y versículo 3) Estos siete detestables pecados permiten vislumbrar profundamente la pecaminosidad del hombre.

Estos versículos son como una recapitulación de las anteriores advertencias:

5) Ojos altivos (versículo 13ª, "guiña"), 2) la lengua mentirosa (versículo 12b, "perversidad de boca") 3) manos (versículo. 13c, "dedos");

4) corazón (versículo 14ª); 5) pies (versículo 13b); 6) testigo falso (versículo 12b), y 7) discordia (versículo 14c).

Recapitulación.

Por tanto, su calamidad vendrá de repente; súbitamente será

Quebrantado, y no habrá remedio.

Seis cosas aborrecen Jehová, y aun siete abomina su alma.

El que siembra angustia, envidia, egocentrismo, envidias, coraje,

Calamidad. **No habrá remedio.** Los resultados de la iniquidad pueden

Ser irreversible. Su castigo será según el crimen cuando Dios juzgue.

Quebrantar, calamidad, iniquidad, irreversible,

Súbitamente, castigo, crimen, Dios. **Siete.** La secuencia de estos dos n umeros (seis y siete) se empleaba para representar la totalidad y como medio de Llamar la atención (cp. Proverbios. Capítulo 30 y versículos, 15 y 18; Job. Capítulo 5, versículo 19; Amos. Capítulo 1 y versículo 3) Estos siete detestables pecados permiten vislumbrar profundamente la pecaminosidad del hombre.

Estos versículos son como una recapitulación de las anteriores advertencias:

6) Ojos altivos (versículo 13ª, "guiña"), 2) la lengua mentirosa (versículo 12b, "perversidad de boca") 3) manos (versículo. 13c, "dedos");

4) corazón (versículo 14ª); 5) pies (versículo 13b); 6) testigo falso (versículo 12b), y 7) discordia (versículo 14c)

¿Qué vamos a hacer, para cambiar nuestra forma de ser?

¡Cual es el camino, para poder cambiar nuestra forma de actuar!

¡Usted mi querido lector(a), que dice de todo esto!

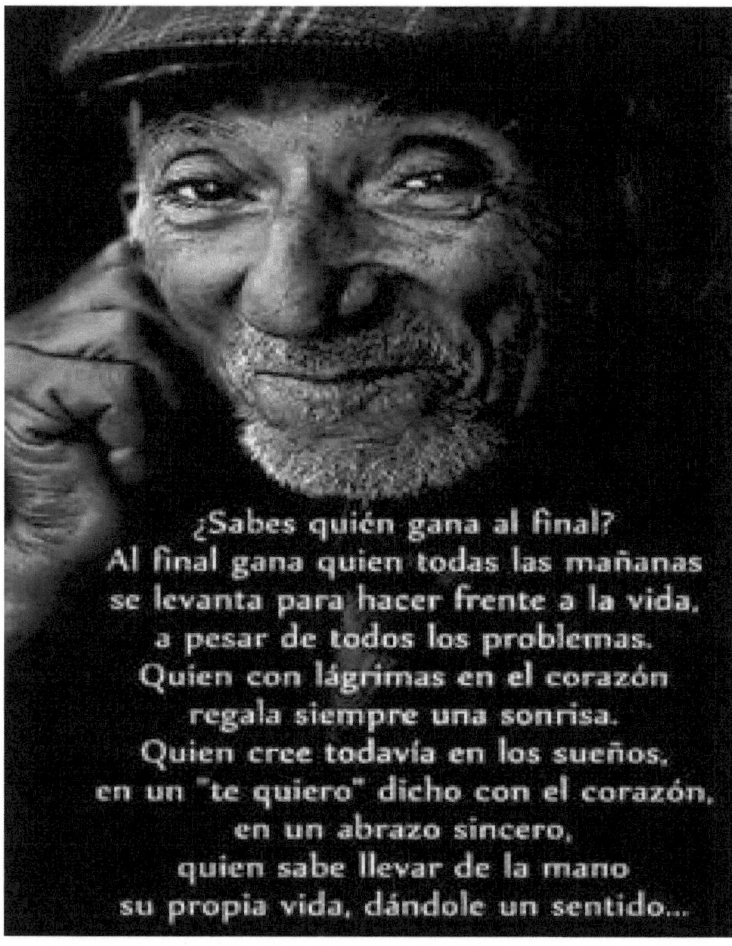
¿Sabes quién gana al final?
Al final gana quien todas las mañanas
se levanta para hacer frente a la vida,
a pesar de todos los problemas.
Quien con lágrimas en el corazón
regala siempre una sonrisa.
Quien cree todavía en los sueños,
en un "te quiero" dicho con el corazón,
en un abrazo sincero,
quien sabe llevar de la mano
su propia vida, dándole un sentido...

¿Tu que piensas respecto ala discordia, y el egocentrismo hoy día?

Estamos viviendo tiempos muy difíciles, en todos los cambios, estatutos, la mayor parte de la población mundial existen: discordia, egocentrismo, vanidad, pereza mental y física, nos fijamos lo que hacen los demás, pero nunca lo que yo estoy haciendo, culpamos a todos menos a nosotros mismos, es muy curioso, que me interesa mas lo que hacen los demás, pero yo ¡que estoy haciendo!, que rumbo llevo, hasta donde voy a llegar, cual es mi destino, voy rumbo a la Sima o a la Cima.

¿Hasta dónde vamos a allegar no lo sé?, pero si se, que estamos muy mal, y esto es personal, cada quién sabe hacia dónde va, lo que pasa que, no queremos parar en nuestro diario vivir, y meditar y preguntarnos: ¿Qué estoy haciendo, hacia voy? Y a la vez, no queremos reflexionar, como si pensar te quita mucho tiempo, tiempo nos quita el famoso celular-Internet, y nadie, pero nadie dice nada, ese vicio si nos esta perjudicando y mucho, nuestra vida interior y exterior. Creo que este es un aviso, para mí, para todo aquel o aquella, que quiera modificar su estilo de vida, para bien, también ya no queremos leer, es bien aburrido leer, dicen algunos por ahí, pero hay que recordar que, si me falta conocimiento, yo estaré perdido en todas mis áreas de mi vida, y esto es terrible.

¿Tu hacia donde vas, si no quieres leer?, crees que está bien, si te falta conocimiento, por no leer día a día, la lectura es alimento de nuestra alma, espíritu y hasta nuestro ser.

Creo que vamos muy bien hasta aquí, en este hermoso capitulo. ¿Tú que dices, mi querido lector(a), vamos bien, o hay que corregir, algo que nos falte, les pido humildemente sus cometarios, para ser mejor cada día, todos aprendemos de todos, nadie lo sabe todo, el que diga que lo sabe todo, está equivocado?

Tus manos
me hicieron y me formaron;
dame entendimiento
para
que aprenda
tus
mandamientos.
Salmos 119:73
Fe & esperanza

Capitulo seis.

Proverbios. Capítulo 6: versículos: 17- 18.

Los ojos altivos, la lengua mentirosa,

Las manos derramadoras de sangre inocente,

El corazón que maquina pensamientos inicuos,

Los pies presurosos para correr al mal.

Resumen. Los ojos altivos, la lengua mentirosa, las manos derramadoras De sangre inocente, el corazón que maquina pensamientos inicuos, los Pies presurosos para correr al mal. **Caminantes .... Hombre armado**. El perezoso, con su desordenada devoción al sueno en lugar de al trabajo (versiculo9, 10), aprende demasiado tarde, con lo que llega a una pobreza Ineludible justo como una víctima es vencida por un bandido armando (vea Capitulo 24: versículos 33, 34).

Palabras clave.

Ojos altivos, lengua mentirosa, manos, sangre inocente, corazón Que máquina, pies presurosos, aprende tarde, pobreza ineludible, Víctima, bandido armando.

Introducción.

Los ojos altivos, la lengua mentirosa, las manos derramadoras De sangre inocente, el corazón que maquina pensamientos inicuos, los Pies presurosos para correr al mal. **Caminantes .... Hombre armado**.

El perezoso, con su desordenada devoción al sueño en lugar de al trabajo (versiculo9, 10), aprende demasiado tarde, con lo que llega a una pobreza Ineludible justo como una víctima es vencida por un bandido armando (vea Capítulo 24: versículos 33, 34). Ojos altivos, lengua mentirosa, manos, sangre inocente, corazón Que máquina, pies presurosos, aprende tarde, pobreza ineludible, victima, bandido armando. En tanto que la pereza conduce a la pobreza (cp. Capitulo 10 con versículos, 4 y 5; capitulo 13, versículo 4; capítulo 20: Versículo 4, 13), no es siempre la pereza la causa de la pobreza (cp. capítulo 14 versículo 31; capitulo 17 y versículo 5; capitulo 19 y versículo 1, 17 y 22; Capítulo 21 y versículo 12; capítulo 28 y versiculos3, 11).

¿Qué necesitamos, cada uno de nosotros, los seres humanos para poder cambiar nuestra forma de vida? Tenemos que parar en nuestro caminar, para poder meditar, reflexionar, y cuestionar nuestra forma de vida, que estoy llevando hoy día, y como le voy a hacer para cambiar mi forma de actuar desde lo interior hasta lo exterior.

Metodología sistemática.

Los ojos altivos, la lengua mentirosa, las manos derramadoras De sangre inocente, el corazón que maquina pensamientos inicuos, los Pies presurosos para correr al mal. **Caminantes .... Hombre armado**.

El perezoso, con su desordenada devoción al sueño en lugar de al trabajo (versiculo9, 10), aprende demasiado tarde, con lo que llega a una pobreza Ineludible justo como una víctima es vencida por un bandido armando (vea Capítulo 24: versículos 33, 34). Ojos altivos, lengua mentirosa, manos, sangre inocente, corazón Que máquina, pies presurosos, aprende tarde, pobreza ineludible, victima, bandido armando. En tanto que la pereza conduce a la pobreza (cp. Capítulo 10 con versículos, 4 y 5; capitulo 13, versículo 4; capítulo 20: Versículo 4, 13), no es siempre la pereza la causa de la pobreza (cp. capítulo 14 versículo 31; capitulo 17 y versículo 5; capitulo 19 y versículo 1, 17 y 22; Capítulo 21 y versículo 12; capítulo 28 y versiculos3, 11).

Hombre malo. Un canalla (1 Samuel. Capítulo 25 y versículo 25; Job. Capitulo 34 y versículo 18), lit, un "hombre de Belial" (inútil; cp. 1 de samuel capítulo 2 y versículo 12; capítulo 30 y versiculo22), un termino que llego a emplearse del Mismo diablo (vea 2 Corintios, capitulo 6 y vesrciulo15 15).

guiña......habla con los pies......hace señas.

Al parecer, esto era cosa común en el oriente. Temiendo ser detectado, y para Ocultar su intención, el engañador contaba mentiras a la victima a la vez que Hacia señales con sus ojos, manos y pies a alguna otra persona en la maquinación Para llevar a cabo la intriga.

Discusión.

Los ojos altivos, la lengua mentirosa, las manos derramadoras
De sangre inocente, el corazón que maquina pensamientos inicuos, los
Pies presurosos para correr al mal. **Caminantes .... Hombre armado**.
El perezoso, con su desordenada devoción al sueño en lugar de al trabajo
(versiculo9, 10), aprende demasiado tarde, con lo que llega a una pobreza
Ineludible justo como una víctima es vencida por un bandido armando (vea
Capítulo 24: versículos 33, 34). Ojos altivos, lengua mentirosa, manos, sangre inocente, corazón
Que máquina, pies presurosos, aprende tarde, pobreza ineludible, victima,
bandido armando. En tanto que la pereza conduce a la pobreza
(cp. Capítulo 10 con versículos, 4 y 5; capitulo 13, versículo 4; capítulo 20:
Versículo 4, 13), no es siempre la pereza la causa de la pobreza (cp. capítulo
14 versículo 31; capitulo 17 y versículo 5; capitulo 19 y versículo 1, 17 y 22;
Capítulo 21 y versículo 12; capítulo 28 y versiculos3, 11).
Hombre malo. Un canalla (1 Samuel. Capítulo 25 y versículo 25; Job. Capitulo
34 y versículo 18), lit., un "hombre de Belial" (inútil; cp. 1 de samuel capítulo 2
y versículo 12; capítulo 30 y versiculo22), un término que llego a emplearse del
Mismo diablo (vea 2 Corintios, capitulo 6 y vesrciulo15 15).

guiña......habla con los pies......hace señas.

Al parecer, esto era cosa común en el oriente. Temiendo ser detectado, y para
Ocultar su intención, el engañador contaba mentiras a la víctima a la vez que
Hacia señales con sus ojos, manos y pies a alguna otra persona en la maquinación.

Imagen.

Cuadro mental.

Los ojos altivos, la lengua mentirosa, las manos derramadoras
De sangre inocente, el corazón que maquina pensamientos inicuos, los
Pies presurosos para correr al mal. **Caminantes .... Hombre armado**.
El perezoso, con su desordenada devoción al sueño en lugar de al trabajo (versiculo9, 10), aprende demasiado tarde, con lo que llega a una pobreza Ineludible justo como una víctima es vencida por un bandido armando (vea Capítulo 24: versículos 33, 34). Ojos altivos, lengua mentirosa, manos, sangre inocente, corazón
Que máquina, pies presurosos, aprende tarde, pobreza ineludible, victima, bandido armando. En tanto que la pereza conduce a la pobreza (cp. Capítulo 10 con versículos, 4 y 5; capitulo 13, versículo 4; capítulo 20: Versículo 4, 13), no es siempre la pereza la causa de la pobreza (cp. capítulo 14 versículo 31; capitulo 17 y versículo 5; capitulo 19 y versículo 1, 17 y 22; Capítulo 21 y versículo 12; capítulo 28 y versiculos3, 11).
¿Qué piensan usted mi querido lector (a) de este hermoso capítulo de la elaboración de este libro académico, para todo estudiante que le gusta leer, leer, y leer.

Discordias.

El pecado de conflicto, disensión, o de crear un conflicto intencionadamente se menciona repetidas veces en Proverbios (Proverbios. Capítulo 15 y versículo 18; Capitulo 16, y versículo 28; capitulo 17 y versículo 14; capitulo 18 y versículo 19; capitulo 21 y versículo 9, 19; capítulo 22 y versículo 10; capítulo 23 y versículo 29; capítulo 25 y versículo 24; capítulo 26 y versículo 21; capítulo 27 y versículo 15; capítulo 28 y versículo 25; capítulo 29 y versículo 22).

Como ustedes ven hay muchas citas bíblicas en el libro de Proverbios que nos hablan del pecado, de las discordias entre hombres y mujeres, a través de la historia de la humanidad hasta, hoy día, es decir: seguimos igual o peor.

Necesitamos aprender a leer, correctamente para no estar en la obscuridad de nuestro cerebro, y no caer al abismo, por falta de conocimiento, cuando tenemos en nuestras manos la solución, ha y un libro que se llama: Las Sagradas Escrituras, ellas nos guiarán, y nos enseñaran del cómo debemos de caminar, de vivir, nos dan todos los caminos perfectos, y para empezar hay que quitar todo lo que ya le torva a nuestro ser. ¿Se podrá hacer todo eso, leyendo las Sagradas Escrituras?

¡Claro que sí! Pero hay que hacerlo hoy, y con ánimo, con mucho amor, mucho conocimiento, y ser rectos en sus caminos día tras día, noche tras noche, hasta que dejemos de existir en esta tierra.

Recapitulación.

Los ojos altivos, la lengua mentirosa, las manos derramadoras
De sangre inocente, el corazón que maquina pensamientos inicuos, los
Pies presurosos para correr al mal. **Caminantes .... Hombre armado**.
El perezoso, con su desordenada devoción al sueño en lugar de al trabajo
(versiculo9, 10), aprende demasiado tarde, con lo que llega a una pobreza
Ineludible justo como una víctima es vencida por un bandido armando (vea
Capítulo 24: versículos 33, 34). Ojos altivos, lengua mentirosa, manos, sangre inocente, corazón
Que máquina, pies presurosos, aprende tarde, pobreza ineludible, victima,
bandido armando. En tanto que la pereza conduce a la pobreza
(cp. Capítulo 10 con versículos, 4 y 5; capitulo 13, versículo 4; capítulo 20:
Versículo 4, 13), no es siempre la pereza la causa de la pobreza (cp. capítulo
14 versículo 31; capitulo 17 y versículo 5; capitulo 19 y versículo 1, 17 y 22;
Capítulo 21 y versículo 12; capítulo 28 y versiculos3, 11).

Hombre malo. Un canalla (1 Samuel. Capítulo 25 y versículo 25; Job. Capitulo
34 y versículo 18), lit, un "hombre de Belial" (inútil; cp. 1 de samuel capítulo 2
y versículo 12; capítulo 30 y versiculo22), un término que llego a emplearse del
Mismo diablo (vea 2 Corintios, capitulo 6 y vesrciulo15 15).

guiña......habla con los pies......hace señas.

Al parecer, esto era cosa común en el oriente. Temiendo ser detectado, y para
Ocultar su intención, el engañador contaba mentiras a la víctima a la vez que
Hacia señales con sus ojos, manos y pies a alguna otra persona en la maquinación
Para llevar a cabo la intriga.

alamy

Pues bien, creo que vamos por un buen camino, solo nos resta, ser disciplinados, obedientes, rectos, y muchas ganas de seguir adelante hasta llegar a la Cima.

Se, que no es nada fácil, pero si se quiere, se puede, todo es cuestión de tener mucho coraje de estar bien con los demás y con el Dios Eterno, y para eso, hay que pedirle que nos de mucho amor, de él, para poder aprender a levantarme cuando exista una caída, y que me sostenga con su mano de poder, y que me diga ¡Tú puedes, yo estoy contigo!

Debo de creerle, porque su voz retumba e todo mi interior, empezando con mi cabeza, partiendo mi alma, mi espíritu y se va por las coyunturas, los tuétanos (medula ósea y de ahí se va al torrente sanguíneo, y quebrantara mi corazón y mi espíritu será humilde, y ahí es cuando el habitara en mi ser hoy por la eternidad.

¿Se podrá caminar así, en rectitud?

Yo digo que, si se puede, cuando uno si quiere, ca minar con mi Cristo.

Hay que amar en verdad, solo el amor de mi Cristo nos puede ayudar solo el, no hay otro ser, que nos pueda ayudar, solo mi Cristo, lo puede hacer.

¿Usted que dice, i querido lector(a)?

Es cierto, o es falso lo que dice el autor de hermoso libro.

Pues les digo que es verdad, porque la Biblia no miente, ahí esta la salvación, y vale mas creerle, y acepar a mi Cristo como el único y suficiente Salvador de nuestras almas, para estar con el por toda la eternidad.

Capitulo siete.

Proverbios. Capítulo 6: versículo 19.

El testigo falso que habla mentiras,

Y el que siembra discordia entre hermanos.

Resumen.

El testigo falso que habla mentiras, y el que siembra discordia entre hermando. El pecado de conflicto. Disensión, o de crear un conflicto intencionadamente se menciona repetidas veces en proverbios (capítulo 15, versículo 18; capitulo 16 y versículo 28; capítulo 17 y versículo 14; capítulo 18 y versículo 19; capitulo 21 y versículo 9; capitulo 19 y versículo 22; capítulo 22 y versículo 10; capítulo 23 y versículo 29; capítulo 25: 24; capítulo 26 y versículo 21; capítulo 27 y versículo 15; capitulo 28 y versículo 22).

Tristemente fue y es una repetición diaria, en la humanidad y yo también, como que jugamos con nuestras vidas, en la discordia, en la falsedad en el egocentrismo, en jugar con nuestros sentimientos con nuestro interior, con nuestra mente y cuerpo, si estamos bien, en orden, como que andamos buscando caer, nos arrastra la maldad, el fracaso.

Palabras clave. Mentiras, siembra, discordia, crear, conflicto, pecado, intencionadamente.

Introducción.

El testigo falso que habla mentiras, y el que siembra discordia entre hermando. El pecado de conflicto. Disensión, o de crear un conflicto intencionadamente se menciona repetidas veces en proverbios (capítulo 15, versículo 18; capitulo 16 y versículo 28; capítulo 17 y versículo 14; capítulo 18 y versículo 19; capitulo 21 y versículo 9; capitulo 19 y versículo 22; capítulo 22 y versículo 10; capítulo 23 y versículo 29; capítulo 25: 24; capítulo 26 y versículo 21; capítulo 27 y versículo 15; capitulo 28 y versículo 22).

Tristemente fue y es una repetición diaria, en la humanidad y yo también, como que jugamos con nuestras vidas, en la discordia, en la falsedad en el egocentrismo, en jugar con nuestros sentimientos con nuestro interior, con nuestra mente y cuerpo, si estamos bien, en orden, como que andamos buscando caer, nos arrastra la maldad, el fracaso. Mentiras, siembra, discordia, crear, conflicto, pecado, intencionadamente.

Porque siempre buscamos la maldad, la mentira, la soberbia, el ego, la envidia por doquier, siempre queremos estar en la Sima, y lo correcto, lo ético, el servid, el amor verdadero, la misericordia, y todos los atributos del Creador, lo hacemos a un lado, si lo buscamos, pero como que nos aburrimos a hacer el bien, y de repente ya estamos haciendo el mal, y lo as triste es que nos gusta, ¿Por qué? No lo sé, pero así es, y así ha sido a través de la historia de la humanidad hasta el día de hoy.

Necesitamos parar por unos minutos, y meditar en verdad, y reflexionar, y nos preguntarnos: ¿ Hacia donde voy a parar con este tipo de vida que llevo hoy?

Hay que cambiar hoy, y no ser mentirosos, ni soberbio, ni vanidoso, es tiempo de cambiar y ese tiempo ya llego, que es el día de hoy.

Metodología sistemática.

El testigo falso que habla mentiras, y el que siembra discordia entre hermando. El pecado de conflicto. Disensión, o de crear un conflicto intencionadamente se menciona repetidas veces en proverbios (capítulo 15, versículo 18; capitulo 16 y versículo 28; capítulo 17 y versículo 14; capítulo 18 y versículo 19; capitulo 21 y versículo 9; capitulo 19 y versículo 22; capítulo 22 y versículo 10; capítulo 23 y versículo 29; capítulo 25: 24; capítulo 26 y versículo 21; capítulo 27 y versículo 15; capitulo 28 y versículo 22).

Tristemente fue y es una repetición diaria, en la humanidad y yo también, como que jugamos con nuestras vidas, en la discordia, en la falsedad en el egocentrismo, en jugar con nuestros sentimientos con nuestro interior, con nuestra mente y cuerpo, si estamos bien, en orden, como que andamos buscando caer, nos arrastra la maldad, el fracaso. Mentiras, siembra, discordia, crear, conflicto, pecado, intencionadamente.

Porque siempre buscamos la maldad, la mentira, la soberbia, el ego, la envidia por doquier, siempre queremos estar en la Sima, y lo correcto, lo ético, el servid, el amor verdadero, la misericordia, y todos los atributos del Creador, lo hacemos a un lado, si lo buscamos, pero como que nos aburrimos a hacer el bien, y de repente ya estamos haciendo el mal, y lo as triste es que nos gusta, ¿Por qué? No lo sé, pero así es, y así ha sido a través de la historia de la humanidad hasta el día de hoy.

Discusión.

El testigo falso que habla mentiras, y el que siembra discordia entre hermando. El pecado de conflicto. Disensión, o de crear un conflicto intencionadamente se menciona repetidas veces en proverbios (capítulo 15, versículo 18; capitulo 16 y versículo 28; capítulo 17 y versículo 14; capítulo 18 y versículo 19; capitulo 21 y versículo 9; capitulo 19 y versículo 22; capítulo 22 y versículo 10; capítulo 23 y versículo 29; capítulo 25: 24; capítulo 26 y versículo 21; capítulo 27 y versículo 15; capitulo 28 y versículo 22).

Tristemente fue y es una repetición diaria, en la humanidad y yo también, como que jugamos con nuestras vidas, en la discordia, en la falsedad en el egocentrismo, en jugar con nuestros sentimientos con nuestro interior, con nuestra mente y cuerpo, si estamos bien, en orden, como que andamos buscando caer, nos arrastra la maldad, el fracaso. Mentiras, siembra, discordia, crear, conflicto, pecado, intencionadamente.

Porque siempre buscamos la maldad, la mentira, la soberbia, el ego, la envidia por doquier, siempre queremos estar en la Sima, y lo correcto, lo ético, el servid, el amor verdadero, la misericordia, y todos los atributos del Creador, lo hacemos a un lado, si lo buscamos, pero como que nos aburrimos a hacer el bien, y de repente ya estamos haciendo el mal, y lo as triste es que nos gusta, ¿Por qué? No lo sé, pero así es, y así ha sido a través de la historia de la humanidad hasta el día de hoy.

Imagen.

Puedes reírte de mí, hablar de mí, odiarme...
Pero la realidad es que lo que te sucede es que
la envidia te consume por verme feliz.

Cuadro mental.

Tristemente fue y es una repetición diaria, en la humanidad y yo también, como que jugamos con nuestras vidas, en la discordia, en la falsedad en el egocentrismo, en jugar con nuestros sentimientos con nuestro interior, con nuestra mente y cuerpo, si estamos bien, en orden, como que andamos buscando caer, nos arrastra la maldad, el fracaso. Mentiras, siembra, discordia, crear, conflicto, pecado, intencionadamente.

Porque siempre buscamos la maldad, la mentira, la soberbia, el ego, la envidia por doquier, siempre queremos estar en la Sima, y lo correcto, lo ético, el servid, el amor verdadero, la misericordia, y todos los atributos del Creador, lo hacemos a un lado, si lo buscamos, pero como que nos aburrimos a hacer el bien, y de repente ya estamos haciendo el mal, y lo as triste es que nos gusta, ¿Por qué? No lo sé, pero así es, y así ha sido a través de la historia de la humanidad hasta el día de hoy.

Porque siempre buscamos la maldad, la mentira, la soberbia, el ego, la envidia por doquier, siempre queremos estar en la Sima, y lo correcto, lo ético, el servid, el amor verdadero, la misericordia, y todos los atributos del Creador, lo hacemos a un lado, si lo buscamos, pero como que nos aburrimos a hacer el bien, y de repente ya estamos haciendo el mal, y lo as triste es que nos gusta, ¿Por qué? No lo sé, pero así es, y así ha sido a través de la historia de la humanidad hasta el día de hoy.

Recapitulación.

¿Por qué seguimos igual de hace de miles y miles de décadas, y el hombre no quiere cambiar para bien.?

¿Qué está pasando con nuestros cerebros hoy día?

¿Tanta tecnología avanzada y la misma ciencia, y nosotros seguimos igual o peor?

Es muy triste, que sigamos igual o peor, a pesar de que estamos hechos para hacer el bien, puesto que tenemos un cerebro humano donde habita la conciencia, el espíritu, los atributos del Eterno que son (amor verdadero, la misericordia, la fe, la benignidad, la templanza, también tenemos la sabiduría y la inteligencia, el poder, y a la consejería, el conocimiento ya reverencia al Creador. Todo tenemos, lo que pasa que hay ocasiones no, nos la creemos, que tenemos todo, para poder vivir como Dios manda, peor como tenemos otro cerebro llamado mamífero, hormonal y sexual, al parecer nos maneja porque cada unió de nosotros le permitimos, conclusión, yo tengo la culpa de que mi cerebro hormonal me maneje. Y es que, en el cerebro mamífero, ahí habita, la semilla de la iniquidad (el mal) el egoísmo, la vanidad, la sexualidad correcta y la incorrecta, el egocentrismo, la envidia, el poder mal manejado, la avaricia, los pensamientos torcidos, y todo que interrumpa al bien, ahí esta este cerebro, claro hoy el famoso celular-Internet. Que nos esta dominado, mucho chisme, ahí esta lo correcto y lo incorrecto ya depende de cada persona, pues lo repito, todo depende de la persona, de mi persona, ¡hacia donde voy, y hacia debo de ir!

SI ALGO ESTA MAL
EN TU VIDA
ESTA PERMITIDO
LLORAR
RECUERDA QUE
LAS LAGRIMAS
TAMBIEN SON
ORACIONES
QUE LLEGAN
HACIA A DIOS
CUANDO TU NO
PUEDES HABLAR

Download from
Dreamstime.com

La discordia nos aleja del ser amado, ya sea padre, madre. Hijos e hijas, en la amistad y en el matrimonio o en el noviazgo.

Hay que tener mucho cuidado con al discordia, necesitamos aprender a perdonar, quien soy yo, para no perdonar, cuando mi Jesús nos perdono a todos y cada uno de nosotros en la cruz del calvario, pues sabemos que un día cada quien va a responder por sus actos con el Creador, entonces, que nos cuesta perdonar, si todos tenemos nuestras faltas, dice la Biblia, que no hay ningún justo aquí en la tierra, es por ello, que debemos de aprender a perdonar, y así nuestro organismo es sanado, muchas personas se enferman porque no han aprendido a perdonar, y siempre están margados, enfermos de la menta de la conciencia, y eso ningún medico lo cura, solo mi JESUS EL AMADO.

Creo que vamos muy bien este capítulo, para que este hermoso libro sea abierto pata aquel o aquella que quiera leerlo, por ello, debemos de volver a la lectura, ya hay muy pocas personas que les gusta la lectura, y debo decir que el que no lee, se pierde porque le falta conocimiento profundo.

Muy bien, me siento bien tranquilo al escribir estas letras, porque se, que hay buena siembra y excelente cosecha en esta lectura. Adelante, siempre adelante, venga lo que venga, tenemos un Dios de poder, de Amor y de misericordia hacia cada uno de nosotros los seres humanos que vivimos en este Planeta: Tierra.

Capítulo 8.

Recapitulación de este hermoso libro.

Resumen.

El testigo falso que habla mentiras, y el que siembra discordia entre hermando. El pecado de conflicto. Disensión, o de crear un conflicto intencionadamente se menciona repetidas veces en proverbios (capítulo 15, versículo 18; capitulo 16 y versículo 28; capítulo 17 y versículo 14; capítulo 18 y versículo 19; capitulo 21 y versículo 9; capitulo 19 y versículo 22; capítulo 22 y versículo 10; capítulo 23 y versículo 29; capítulo 25: 24; capítulo 26 y versículo 21; capítulo 27 y versículo 15; capitulo 28 y versículo 22).

Tristemente fue y es una repetición diaria, en la humanidad y yo también, como que jugamos con nuestras vidas, en la discordia, en la falsedad en el egocentrismo, en jugar con nuestros sentimientos con nuestro interior, con nuestra mente y cuerpo, si estamos bien, en orden, como que andamos buscando caer, nos arrastra la maldad, el fracaso.

Palabras clave.

Ojos altivos, lengua mentirosa, manos, sangre inocente, corazón

Que máquina, pies presurosos, aprende tarde, pobreza ineludible,

Víctima, bandido armando.

Introducción.

Que guiña los ojos, que habla con los pies, que hace señas con los dedos. Perversidades hay en su corazón; anda pensando el mal en todo Tiempo; siembra las discordias. Así actúa el ser humano, que no ha aprendido a meditar, a reflexionar, a colectar la mente con el cerebro humano (conciencia Y entendimiento) que actúa el cerebro mamífero- hormonal y sexual y, además Se integra con el cuerpo que es manejado por a las emociones distorsionadas, Y que piensa con los dedos de sus pies, y además hay discordia día y noche y Y hasta a veces no puede dormir, y en el día, sufre de somnolencia. Perversidad, corazón, guiña, ojos, pies, siembra, discordia, dedos, pensar mal. Es muy triste, que sigamos igual o peor, a pesar de que estamos hechos para hacer el bien, puesto que tenemos un cerebro humano donde habita la conciencia, el espíritu, los atributos del Eterno que son (amor verdadero, la misericordia, la fe, la benignidad, la templanza, también tenemos la sabiduría y la inteligencia, el poder, y a la consejería, el conocimiento ya reverencia al Creador. Todo tenemos, lo que pasa que hay ocasiones no, nos la creemos, que tenemos todo, para poder vivir como Dios manda, peor como tenemos otro cerebro llamado mamífero, hormonal y sexual, al parecer nos maneja porque cada unió de nosotros le permitimos, conclusión, yo tengo la culpa de que mi cerebro hormonal me maneje. Y es que, en el cerebro mamífero, ahí habita, la semilla de la iniquidad (el mal) el egoísmo, la vanidad, la sexualidad correcta y la incorrecta, el egocentrismo, la envidia, el poder mal manejado, la avaricia, los pensamientos torcidos, y todo que interrumpa al bien, ahí esta este cerebro, claro hoy el famoso celular-Internet. Que nos está dominado, mucho chisme, ahí esta lo correcto y lo incorrecto ya depende de cada persona, pues lo repito, todo depende de la persona, de mi persona, ¡hacia dónde voy, y hacia debo de ir!

Metodología sistemática.

Así vendrá tu necesidad como Caminante; y tu pobreza como hombre armado.

El hombre malo, el hombre depravado, es el que anda en perversidad de boca.

Necesidad, caminante, pobreza, hombre, armado, malo, depravado, anda, perversidad, boca.

Todo ser humano, que anda con su necesidad, caminado día y noche, días, semanas meses, anos y hasta su fin de su existencia aquí en la tierra, siempre será pobre, y con ello, se pervierte de boca en boca, y su pobreza seguirá hasta su fin, hay personas en los cuatro vientos, que así, nacen, se desarrollan, así, caminan así, envejecen y no paran para mediar, para reflexionar, y preguntarse: ¿así será mi vida miserable hasta el final de mis días? Esto sucede si tú lo quieres, porque cada ser humano hemos nacido para caminar, y ser fuerte, trabajar, y meditar día tras día de nuestra existencia.

Todo está en nuestro interior lo malo y lo bueno, ya dependerá de ti, hacia dónde vas, si vas rumbo a la Sima de la depravación, tú decides, o si vas rumbo a la Cima al amor verdadero, que bien, que es lo correcto de todo ser humano que vivimos hoy día, pero la mayor parte de la población mundial, prefieren irse a la depravación, rumbo a la Sima, ¿Por qué no lo sé? Y es que, en el cerebro mamífero, ahí habita, la semilla de la iniquidad (el mal) el egoísmo, la vanidad, la sexualidad correcta y la incorrecta, el egocentrismo, la envidia, el poder mal manejado, la avaricia, los pensamientos torcidos, y todo que interrumpa al bien, ahí esta esté cerebro, claro hoy el famoso celular-Internet. Que nos está dominado, mucho chisme, ahí esta lo correcto y lo incorrecto ya depende de cada persona, pues lo repito, todo depende de la persona, de mi persona, ¡hacia dónde voy, y hacia debo de ir!

Discusión.

Todo ser humano, que anda con su necesidad, caminado día y noche, días, semanas meses, anos y hasta su fin de su existencia aquí en la tierra, siempre será pobre, y con ello, se pervierte de boca en boca, y su pobreza seguirá hasta su fin, hay personas en los cuatro vientos, que así, nacen, se desarrollan, así, caminan así, envejecen y no paran para mediar, para reflexionar, y preguntarse: ¿así será mi vida miserable hasta el final de mis días? Esto sucede si tú lo quieres, porque cada ser humano hemos nacido para caminar, y ser fuerte, trabajar, y meditar día tras día de nuestra existencia.

Todo está en nuestro interior lo malo y lo bueno, ya dependerá de ti, hacia dónde vas, si vas rumbo a la Sima de la depravación, tú decides, o si vas rumbo a la Cima al amor verdadero, que bien, que es lo correcto de todo ser humano que vivimos hoy día, pero la mayor parte de la población mundial, prefieren irse a la depravación, rumbo a la Sima, ¿Por qué no lo sé?

Todo ser humano, que anda con su necesidad, caminado día y noche, días, semanas meses, anos y hasta su fin de su existencia aquí en la tierra, siempre será pobre, y con ello, se pervierte de boca en boca, y su pobreza seguirá hasta su fin, hay personas en los cuatro vientos, que así, nacen, se desarrollan, así, caminan así, envejecen y no paran para mediar, para reflexionar, y preguntarse: ¿así será mi vida miserable hasta el final de mis días? Esto sucede si tú lo quieres, porque cada ser humano hemos nacido para caminar, y ser fuerte, trabajar, y meditar día tras día de nuestra existencia.

Recapitulación.

Los ojos altivos, la lengua mentirosa, las manos derramadoras

De sangre inocente, el corazón que maquina pensamientos inicuos, los

Pies presurosos para correr al mal. **Caminantes .... Hombre armado**.

El perezoso, con su desordenada devoción al sueño en lugar de al trabajo

(versiculo9, 10), aprende demasiado tarde, con lo que llega a una pobreza

Ineludible justo como una víctima es vencida por un bandido armando (vea

Capítulo 24: versículos 33, 34). Ojos altivos, lengua mentirosa, manos, sangre inocente, corazón

Que máquina, pies presurosos, aprende tarde, pobreza ineludible, victima,

bandido armando. En tanto que la pereza conduce a la pobreza

(cp. Capítulo 10 con versículos, 4 y 5; capitulo 13, versículo 4; capítulo 20:

Versículo 4, 13), no es siempre la pereza la causa de la pobreza (cp. capítulo

14 versículo 31; capitulo 17 y versículo 5; capitulo 19 y versículo 1, 17 y 22;

Capítulo 21 y versículo 12; capítulo 28 y versiculos3, 11).

Hombre malo. Un canalla (1 Samuel. Capítulo 25 y versículo 25; Job. Capitulo

34 y versículo 18), lit, un "hombre de Belial" (inútil; cp. 1 de samuel capítulo 2

y versículo 12; capítulo 30 y versiculo22), un término que llego a emplearse del

Mismo diablo (vea 2 Corintios, capitulo 6 y vesrciulo15 15).

guiña......habla con los pies......hace señas.

Al parecer, esto era cosa común en el oriente. Temiendo ser detectado, y para

Ocultar su intención, el engañador contaba mentiras a la víctima a la vez que

Hacia señales con sus ojos, manos y pies a alguna otra persona en la maquinación

Para llevar a cabo la intriga.

Imagen.

¿Tú que piensas respecto a la fama?

¿Nos puede llevar a un egocentrismo, si o no?

Claro que si nos podemos perder por la ama, ya depende de cada persona, esto es personal.

Es muy triste, que sigamos igual o peor, a pesar de que estamos hechos para hacer el bien, puesto que tenemos un cerebro humano donde habita la conciencia, el espíritu, los atributos del Eterno que son (amor verdadero, la misericordia, la fe, la benignidad, la templanza, también tenemos la sabiduría y la inteligencia, el poder, y a la consejería, el conocimiento ya reverencia al Creador. Todo tenemos, lo que pasa que hay ocasiones no, nos la creemos, que tenemos todo, para poder vivir como Dios manda, peor como tenemos otro cerebro llamado mamífero, hormonal y sexual, al parecer nos maneja porque cada unió de nosotros le permitimos, conclusión, yo tengo la culpa de que mi cerebro hormonal me maneje. Y es que, en el cerebro mamífero, ahí habita, la semilla de la iniquidad (el mal) el egoísmo, la vanidad, la sexualidad correcta y la incorrecta, el egocentrismo, la envidia, el poder mal manejado, la avaricia, los pensamientos torcidos, y todo que interrumpa al bien, ahí está el cerebro, claro hoy el famoso celular-Internet. Que nos está dominado, mucho chisme, ahí esta lo correcto y lo incorrecto ya depende de cada persona, pues lo repito, todo depende de la persona, de mi persona, ¡hacia dónde voy, y hacia debo de ir! Ya esta decisión es personal, hay que tener mucho cuidado, con los consejeros, hay ocasiones que en ve z de aconsejar, nos llevan por otros caminos, rumbo a la perdición por desgracia sucede hoy día, ¡mucho cuidado!

Tus manos
me hicieron y me formaron;
dame entendimiento
para
que aprenda
tus
mandamientos.
Salmos 119:73
Fe & esperanza

Consejos de un árbol

-Párate derecho y orgulloso
-Recuerda tus raíces
-Toma mucha agua
-Se feliz con tu propia belleza natural
-Disfruta de la vista y del aire libre

La humildad.
es el reflejo de la grandeza
de tu corazón y la riqueza
de tus sentimientos.

Bibliografía.

(Las Sagradas Escrituras- Biblia).

1.- Barraza Cuéllar Armando. (2011). Siete Pasos para llegar a una Enseñanza-Aprendizaje. (Metas para el 2021 en la educación educativa a nivel superior de alta calidad, en el inicio de un pensamiento integral). U.S.A. Editorial Palibrio.

2.- Barraza Cuéllar Armando. (2012) ¡Como que eres maestro! España. Editorial Académica Española.

3.- Barraza Cuéllar Armando. (2012). Vamos pues a integrar: cuerpo, mente y consciencia. España. Editorial Académica Española. ISBN.

4.- Barraza Cuellar Armando. (2012) ¿Cómo le puedo hacer? Yo, para reactivar a mí: Cuerpo, a mi mente y a la inteligencia e integrarlos para sus diferentes funciones. España. Editorial Académica Española. ISBN.

5.- Barraza Cuéllar Armando. (2012). Siete pasos para llegar a la consciencia. España. Editorial Académica Española. ISBN.

6.-Barraza Cuéllar Armando. (2012). Los siete procesos de una integridad que es la enseñanza-aprendizaje. España. Editorial Académica Española. ISBN

7.- Barraza Cuéllar Armando. (2019). Enséñame tu, lo que yo no veo.
España. Editorial Académica Española. ISBN.

8.- Barraza Cuéllar Armando (2022). Tu decides, que rumbo tomas.

978- 620-2- 10386-2. Editorial Académica Española. ISBN.

9.- Barraza Cuellar Armando. (2022) Debilidades y Fortalezas para integrar, desintegrar y reintegrar. Editorial Académica española. 978- 620-2- 10798-3. ISBN.

10.- Barraza Cuellar Armando. (2023). Hoy voy a Aprender a Leer. Editorial Académica Española. 978- 620- 2- 11180-5. ISBN.

11.-Barraza Cuellar Armando. (2023). Hoy día es muy difícil encontrar un Amor Sincero.

Editorial Académica Española. 978-620-2- 11421-9 ISBN.

12. Barraza Cuellar Armando, (2023) ¿Por qué nosotros los seres humanos, nos inclinamos a hacer el mal? ¡Y porque no, hacemos el bien! ISBN. 978- 620-2- 11905-4.

Printed by Books on Demand GmbH, Norderstedt / Germany